跟 大 师 学 语 文

语文随笔

叶圣陶 著

中 华 书 局

图书在版编目（CIP）数据

语文随笔/叶圣陶著．—北京：中华书局，2013.3
（2016.1 重印）
（跟大师学语文）
ISBN 978 - 7 - 101 - 09172 - 4

Ⅰ．语…　Ⅱ．叶…　Ⅲ．汉语 - 研究　Ⅳ. H1

中国版本图书馆 CIP 数据核字（2013）第 017332 号

书　　名	语文随笔	
著　　者	叶圣陶	
丛 书 名	跟大师学语文	
责任编辑	刘树林	
出版发行	中华书局	
	（北京市丰台区太平桥西里 38 号　100073）	
	http://www.zhbc.com.cn	
	E-mail:zhbc@zhbc.com.cn	
印　　刷	北京天来印务有限公司	
版　　次	2013 年 3 月北京第 1 版	
	2016 年 1 月北京第 2 次印刷	
规　　格	开本/880×1230 毫米　1/32	
	印张 6⅞　插页 2　字数 124 千字	
印　　数	6001 - 9000 册	
国际书号	ISBN 978 - 7 - 101 - 09172 - 4	
定　　价	29.00 元	

"跟大师学语文"丛书
出版说明

　　这套丛书收录了《文章作法》、《文话七十二讲》、《文章讲话》、《怎样写作》、《语文随笔》、《略读指导举隅》、《精读指导举隅》等关于语文学习的指导性名著。它们的作者就是著名的语文教育大师夏丏尊、叶圣陶和朱自清等先生。这就是丛书名的由来。

　　夏丏尊先生（1886—1946）、叶圣陶先生（1894—1988）和朱自清先生（1898—1948）是我国著名的教育家和文学家，他们都把毕生精力投入祖国的新文化建设和教育事业之中。尤其是在20世纪的30年代，身为开明书店总编辑的夏丏尊先生创办了《中学生》杂志，叶圣陶先生任杂志主编。这本杂志以先进的文化思想、丰富的科学知识教育中学生，在中国语文教学方面，下力尤深，成果卓著，被几代中学生视作良师益友，在文化界、教育界和出版界有口皆碑。多年的教学实践和理性思考，使他们在中学语文教学的各个方面都有突出的建树，留下许多精彩的著作，这套丛书选录的就是其中的精粹。

　　《文章作法》由开明书店初版于1922年。其原型是夏丏尊先生在长沙第一师范和白马湖春晖中学的讲义稿，后经教育家刘薰宇先生（1894—1967）结合自己的教学实践修改编辑而最后成书。其特点是根据不同的文体，着重介绍语文知识和写作技巧，便于中学生提高实际写作能力。

　　《文话七十二讲》则源自于夏丏尊、叶圣陶两位先生编写的《国文百八课》。20世纪30年代，两位先生因不满当时的语文教学和使用的课文"缺乏客观具体的科学性"，着手编撰了一套供初中学生使用的语文教材。因初中共六个学期，每学期上课十八周，一共一百零八周，所以这套按照一百零八周来顺序设计教学内容的课本，就定名为"国文百八课"。每一课包括"文话"（阅读写作指导）、"选文"、"文法修辞常识"和"习问"（练习和问题）四部分，形成一套完整科学的初中语文教学体系。可惜因抗日战争爆发，《国文百八课》只出版了四册，成七十二课，就不得不中断了。吕叔湘先生认为，这套课本的"最大特色"同时也是"编者用力最多的部分"，就是"文话"。所以，这本《文话七十二讲》就是从《国文百八课》中抽出的单行本。用七十二个主题，分别结合阅读，主讲文章的写作方法。

　　《文章讲话》一书收录了夏丏尊、叶圣陶两位先生有关文章写作的十篇文字。前七篇是1935—1937年在《中学生》杂志《文章偶话》栏目中连载的；后三篇是夏先生利用1937年暑假赶写的，但因上海

"八·一三"抗战爆发，而未能刊登。直到1938年，开明书店才结集出版。

《怎样写作》是叶圣陶先生有关写作的文章专集，共收录了二十一篇长短文字。他集数十年写作经验，多角度多侧面地讲述了写作成功的诀窍和失败的根源，精义迭出。

《语文随笔》则是叶圣陶先生有关中学语文教学的随笔集，共收录了十四篇文章，能够比较完整地体现叶圣陶先生关于语文教学的看法和见解。

《略读指导举隅》是叶圣陶、朱自清两位先生合作编写的中学国文教学指导用书。1943年初版印行于四川。略读作为精读的补充，在教学中常被忽略。本书阐明了略读的含义，略读应注意的问题、方法等。通过实例来说明略读对培养学生阅读习惯和写作技巧的作用。

《精读指导举隅》一书侧重于精读指导。书中选用六篇文章作例子，叙述文、短篇小说、抒情文、说明文、议论文等皆有涉及。指导大概中分析文章、提示问题的态度和方法特别值得注意。具体实例中的说明和联想详实有效，可谓"纤屑不遗，发挥净尽"，对当下的语文教学有现实指导作用。这五套书虽然绝大部分完成于20世纪前半叶，而且篇幅都不大，但毫无疑问都是中学语文教学的经典，就像朱自清先生对《文心》的评价一样，"不独是中学生的书，也是中学教师的书"，而且常读常新，对于当前的语文教学更具有极大的启发性。经典是不会过时的。

最后需要说明的是，夏丏尊、叶圣陶两位先生写作的《文心》（开明书店1934年出版）也是应该收入此套丛书的，但因目前版权问题尚未解决，故此次出版只能暂且割爱了。

中华书局编辑部

2013年1月

目　录

目　录

学习语文很重要

　　学习语文的确很重要。近几年来，越来越多的人觉得自己的语文程度不够高。语文程度不够高，大约指两个方面：一方面是阅读。比方看《人民日报》社论，有些人看是看下去了，可是觉得不甚了然，抓不住要点，掌握不住精神。另一方面是写作。写了东西，总觉得词不达意，仿佛自己有很好的意思，只因写作能力差，不能充畅地表达出来。这就可见阅读和写作两方面的能力都要提高。

　　阅读是什么一回事？是吸收。好像每天吃饭吸收营养料一样，阅读就是吸收精神上的营养料。要做一个社会主义时代的公民，吸收精神上的营养料比任何时代都重要。写作是什么一回事？是表达。把脑子里的东西拿出来，让人家知道，或者用嘴说，或者用笔写。阅读和写作，吸收和表达，一个

　　　*　这是作者在北京中华函授学校举办的"语文学习讲座"第一讲的讲话，登在该校《语文学习讲座》第一辑，一九六二年十月出版。后来发表在一九六三年十月五日的《文汇报》，发表时对原稿做了删改。现在根据《文汇报》排印。

认真学习语文 *

1

是进，从外到内；一个是出，从内到外。这两件事，无论做什么工作都是经常需要的。这两件事没有学好，不仅影响个人，还会影响社会。说学习语文很重要，原因就在这里。

对学习语文要有正确的认识

什么叫语文？平常说的话叫口头语言，写到纸面上叫书面语言。语就是口头语言，文就是书面语言。把口头语言和书面语言连在一起说，就叫语文。这个名称是从一九四九年下半年用起来的。解放以前，这个学科的名称，小学叫"国语"，中学叫"国文"，解放以后才统称"语文"。

语言是一种工具。工具是用来达到某个目的的。工具不是目的。比如锯子、刨子、凿子是工具，是用来做桌子一类东西的。我们说语言是一种工具，就个人说，是想心思的工具，是表达思想的工具；就人与人之间说，是交际和交流思想的工具。思想和语言是分不开的，想心思得靠语言来想，不能凭空想。可以说，不凭借语言的思想是不存在的。固然，绘画、音乐、舞蹈表达思想内容是不凭借语言的，绘画凭借线条和色彩，音乐凭借声音和旋律，舞蹈凭借动作和姿态，可是除了这些以外，表达思想都要依靠语言。

就学习语文来说，思想是一方面，表达思想内容的工具又

是一方面。工具有好有坏，有的是锋利的，有的是迟钝的，有的合用，有的不合用，这是一方面。思想也有好有坏，有的是正确的，有的是错误的，有的很周密，很深刻，有的很粗糙，很肤浅，这又是一方面。学习语文，这两方面都要正确对待。

有些人认为只要思想内容好，用来表达的语言好不好无所谓。有些人甚至认为语文是雕虫小技，细枝末节，不必多注意。既然这样，看书无妨随随便便，写文章无妨随随便便。文章写出来半通不通，不认为不对，反而认为只要思想内容好，写得差些没有关系。实际上，看书，马马虎虎地看，书上的语言还不甚了然，怎么能真正理解书的内容？写文章，马马虎虎地写，用词不当，语句不通，怎么能说思想内容好？文章写不通，主要由于没想通，半通不通的文章就反映半通不通的思想。

有些人认为只要学好了语文，思想内容的问题也会随之解决，因而就想专在字词语句方面下工夫。这个想法也不对。有人写工作总结写不好，写调查研究的报告写不好，认为这只是"写"的问题。学好了语文，工作总结和调查报告是不是一定写得好？不一定。为什么？工作总结必须参加了某项工作，对这一项工作比较全面地了解，知道这一项工作的优点和缺点，经验和教训，再加上语文程度不错，才能写好。调查报告也一样，一定要切切实实地调查，材料既充分而又有选择，还要能恰当地安排，才能写好。

这样说起来，要写好工作总结和调查报告，既要在语文方面

下工夫，也要在实践方面下工夫。两方面的工夫都要认真地做，切实地做。

学语文为的是用，就是所谓学以致用。经过学习，读书比以前读得透彻，写文章比以前写得通顺，从而有利于自己所从事的工作，这才算达到学习语文的目的。进一步说，学习语文还可以养成想得精密的习惯，理解人家的意思务求理解得透彻，表达自己的意思务求表达得准确；还有培养品德的好处，如培养严肃认真、一丝不苟的态度等。这样看来，学习语文的意义更大了，对于从事工作和培养品德都有好处。

学习语文不能要求速成

我常常接到这样的信，信上说，"我很想学语文，希望你来封信说说怎样学。"意思是，去一封回信，他一看，就能学好语文了。又常常有这样的请求，要我谈谈写作的方法。我谈了，谈了三个钟头。有的人在散会的时候说："今天听到的很解决问题。"解决问题哪有这么容易？哪有这么快？希望快，希望马上学到手，这种心情可以理解；可是学习不可能速成，不可能画一道符，吞下去就会了。学习是急不来的。为什么？学习语文目的在运用，就要养成运用语文的好习惯。凡是习惯都不是几天工夫能够养成的。比方学游泳。先看看讲游泳的书，什么蛙式、自由

式，都知道了。可是光看书不下水不行，得下水。初下水的时候很勉强，一次勉强，两次勉强，勉强浮起来了，一个不当心又沉了下去。要等勉强阶段过去了，不用再想手该怎么样，脚该怎么样，自然而然能浮在水面上了，能往前游了，这才叫养成了游泳的习惯。学语文也是这样，也要养成习惯才行。习惯是从实践里养成的，知道一点做一点，知道几点做几点，积累起来，各方面都养成习惯，而且全是好习惯，就差不多了。写完一句话要加个句号，谁都知道，一年级小学生也知道。但是偏偏有人就不这么办。知道是知道了，就是没养成习惯。

一定要把知识跟实践结合起来，实践越多就知道得越真切，知道得越真切就越能起指导实践的作用。不断学，不断练，才能养成好习惯，才能真正学到本领。

有人说，某人"一目十行"，眼睛一扫就是十行。有人说，某人"倚马万言"，靠在马旁边拿起笔来一下子就写一万字。读得快，写得快，都了不起。一目十行是说读书很熟练，不是说读书马马虎虎；倚马万言是说写得又快又好，不是说乱写一气，胡诌不通的文章。这两种本领都是勤学苦练的结果。

要学好语文就得下工夫。开头不免有点勉强，不断练，练的工夫到家了，才能得心应手，心里明白，手头纯熟。离开多练，想得到什么秘诀，一下子把语文学好，是办不到的。想靠看一封回信，听一回演讲，就解决问题，是办不到的。

有好习惯，也有坏习惯。好习惯养成了，一辈子受用；坏习

惯养成了，一辈子吃它的亏，想改也不容易。譬如现在学校里不少学生写错别字，学校提出要纠正错别字，要消灭错别字。错别字怎么来的呢？不会写正确的形体吗？不见得。有的人写错别字成了习惯，别人告诉他写错了，他也知道错，可是下次一提笔还是错了。最好是开头就不要错，错了经别人指出，就勉强一下自己，硬要注意改正。比方"自己"的"己"和"已经"的"已"搞不清楚，那就下点儿工夫记它一记，随时警惕，直到不留心也不会错才罢休。

学习语文要练基本功

学习语文要练基本功。写一篇文章，就语文方面说，用一个字，用一个词，写一个句子，打一个标点，以及全篇的结构组织，全篇的加工修改，这些方面都要做到家才算好。这些方面都得下工夫，都得养成好的习惯。这样，写起文章来就很自由，没有障碍，能够从心所欲。培养这些方面的能力，养成好的习惯，就叫练基本功。

一出戏要唱工做工都好是不容易的。最近我看周信芳、于连泉（筱翠花）几位总结他们表演艺术经验的书，讲一个动作如何做，一句唱词如何唱，都有很多道理。道理不是嘴上说说的，是从实践里归结出来的。我们学习语文，看文章和写文章也能达

到他们那样程度，就差不多了。学戏的开始，不是从整出的戏入手的，一定要练基本功，唱腔、道白、身段、眼神，一举手一投足，都要严格训练，一丝不苟。起初当然勉强，后来逐渐熟练，表演起来就都合乎规矩。然后再学一出一出的戏。学绘画，要先练习写生，画茶杯、画花瓶，进一步练速写，这些都是基本功。学音乐、舞蹈也一样，都要练基本功。木工做一张桌子也不简单，锯子、刨子和凿子，使用要熟练，要有使用这些工具的好习惯，桌子才能做得合规格。总之，无论学什么，练基本功是很重要的。

学语文的基本功是什么？大体上说有以下几方面：

第一，识字写字。可能有人想，谁还不识字，这个工夫没有什么可练的。可是一个字往往有几个意义，几种用法，要知道得多些，个个字掌握得恰当，识字方面还得下工夫。譬如"弃甲曳兵而走"，这是《孟子》上的一句话。小学生可能不认识"曳"字，其馀都是认识的。可是小学生只学过"放弃""抛弃"等词，没学过单用的"弃"字。至于"甲"知道是"甲、乙"的"甲"，"兵"知道是"炮兵""伞兵"的"兵"，"走"知道是"走路"的"走"。他们不知道"甲"是古代的军装，"兵"在古代语言中是武器，古人说"走"，现代人说"逃跑"。"曳"这个字现代不用了，只说"拖"。"而"字在现代语言中是有的，如"为……而奋斗"。可是照"弃甲曳兵而走"这句话的意思说，"而"字就用不着了。用现代话说，这句话就是"丢

了铠甲拖着武器逃跑"。到高中程度，识字当然要比小学比初中更进一步，对某些字知道更多的意义和用法。中国字太多，太复杂，谁也不能夸口说念字不会念错。字要念得正确，不要念别字，这也是识字方面应该下的工夫。

写字也要下些工夫。不一定要去买什么碑帖，天天临它几小时，这不需要；可是字怎么写，总要有个规矩。写下的字是让人家看的，不要使人家看不清楚，看得很吃力。有时候我接到些信，字写得不清楚，要看好些时间，看得很吃力。不要自己乱造字，简化字有一定的规范，不要只管自己易写，不管别人难认。字要写得正确，一笔一画都辨得很明白；还要写得熟练，如果写一个字要想三分钟，这怎么能适应需要？要把字写得正确熟练，这就是基本功。

第二，用字用词。用词要用得正确、贴切，就要比较一些词的细微的区别。这是很要紧的。譬如与"密"字配合的，有"精密""严密""周密"等词，粗粗看来好像差不多，要细细辨别才辨得出彼此的差别。"精密"跟"周密"有何不同，"精密"该用在何处，"周密"该用在何处，都要仔细想一想。想过了，用起来就有分寸。如果平时不下工夫，就不知道用哪一个才合适。

用词，有时也表示一个人的立场。立场，就是站在哪一方面；比方有人说，在土地改革的时候，某村地主很"活跃"，这就是立场不对头。"活跃"往往用在对一件事表示赞美的场合。

对地主用"活跃"不合适，要用"猖獗"。否则人家会认为你是站在地主的立场呢。这些地方如果平时不注意，就会出错。用词还有个搭配的问题。比方"成绩"，可以说"取得成绩"，"做出成绩"，如果说"造出成绩"就不合适。前边的词跟后边的词，有搭配得上的，有搭配不上的，把不相配合的硬配在一起，就不行。所以用词也是基本功，无论阅读或是写作都要注意。

第三，辨析句子。句子是由许多词组成的，许多词当中有主要的部份和附加的部份。读句子，写句子，要分清主要部份和附加部份，还要辨明附加部份跟主要部份是什么关系。比方"在党的领导下，我们取得了中国革命的胜利"这句话的主要部份是什么？是"我们取得了胜利"。取得了什么胜利？取得了"中国革命的"胜利。还要弄清楚，"在党的领导下"是"取得"的条件，虽然放在头里，却关系到后面的"取得"。读一句话，写一句话，要能马上抓住主要的部份，能弄清楚其他的部份跟主要的部份的关系，这就是基本功。长句子尤其要注意。有些人看文章，又像看得懂，又像看不懂，原因之一就是弄不清楚长句子的各个组成部份的关系。

读文章，写文章，最好不要光用眼睛看，光凭手写，还要用嘴念。读人家的东西，念出来，比光看容易吸收。有感情的文章，念几遍就更容易领会。自己写了东西也要念，遇到念来不顺的地方，就是要修改的地方。好的文章要多读，读到能背。一边想一边读，有好处。这好处就是自己脑子里的想法好像跟作者的

9

想法合在一起了，自己的想法和语言运用能力就从而提高不少。长的文章可以挑出精彩的段落来多读，读到能背。读的时候不要勉强做作，要读得自然流畅。大家不妨试试。

第四，文章结构。看整篇文章，要看明白作者的思路。思想是有一条路的，一句一句，一段一段，都是有路的，这条路，好文章的作者是决不乱走的。看一篇文章，要看它怎样开头的，怎样写下去的，跟着它走，并且要理解它为什么这样走。譬如一篇议论文，开头提出问题，然后从几个方面来说，而着重说的是某一个方面，其馀几个方面只说了一点儿。为什么要这样安排呢？一定有道理。读的时候就得揣摩这个道理。再往细处说，第二句跟头一句是怎样连接的，第三句跟第二句又是怎样连接的；第二段跟第一段有什么关系，第三段跟第二段又有什么关系，诸如此类，都要搞清楚。这些就叫基本功。练，就是练这个工夫。

总起来一句话，许多基本功都要从多读多写来练。读人家的文章，要学习别人运用语言的好习惯。自己写文章，要养成自己运用语言的好习惯。要多读，才能广泛地吸取。要多写，越写越熟，熟极了才能从心所欲。多写，还要多改。文章不好，原因之一就是自己不改或者少改。有人写了文章，自己不改，却对别人说："费你的心改一改吧。"自己写了就算，不看不改，叫别人改，以为这就过得去，哪有这么容易的事？

写之前要多想想，不要就动笔写。想得差不多了，有了个轮廓了，就拟个提纲。提纲可以写在纸上，也可以记在脑子里。总

之，想得差不多了然后写。写好以后，念它几遍，至少两三遍，念给自己听，或者念给朋友听。凡是不通的地方，有废话的地方，用词不当的地方，大致可以听出来。总之，要多念多改，作文的进步才快。请别人改，别人可能改得不怎么仔细，或者自己弄不明白别人这样那样改的道理，这就没有多大好处。当然，别人改得仔细，自己又能精心领会，那就很有好处。

认真不认真，是学得好不好的关键

希望学得好，先要树立认真的态度。看书，不能很快地那么一翻；看文章，不能眼睛一扫了事；写文章，不能想都不想，就动笔写，写完了自己又懒得改。这些都是不认真的态度。如果这样，一定学不好。某个中学举行过一次测验，有一道题里学生需用"胡同"这个词，竟有不少学生把极容易的"同"字写错了。从这上头可以看出学生学习态度不认真。这应该由老师负责，老师没有用种种办法养成学生认真的习惯。大事情是由无数小事情加起来的，小事情不注意，倒能注意大事情，这是不能令人相信的。

有的人写了文章，别人给他指出某处是思想认识上的错误，某处是语言文字上的错误，他笑了笑就算了，这也是不认真的态度的表现。写个请假条，写封信，也要注意。无论读或是写，都

不能马虎。马虎是认真的反面。马虎的风气在学校里和机关里都有，要想办法改变这种坏风气。

有的老师有的家长往往说，某某孩子两天就看完了《红岩》，真了不起。我认为这不很好。这样大的一本书两天就看完，可能只看见些影子，只记得几个人名，别的很难领悟。这样的读书法是不该提倡的。先要认真读，有了认真读的习惯，然后再求读得快。

一句话，希望同志们认真自学。在这里听到的，只能给同志们一些启发，一些帮助，重要的还在自学。再说，在这里听到的不一定全接受，要自己认真想过，认为确然有些道理，才接受。

认定目标 学习国文该认定两个目标：培养阅读能力，培养写作能力。培养能力的事必须继续不断地做去，又必须随时改善学习方法，提高学习效率，才会成功。所以学习国文必须多多阅读，多多写作，并且随时要求阅读得精审，写作得适当。

在课内，阅读的是国文教本。那用意是让学生在阅读教本的当儿，培养阅读能力。凭了这一份能力，应该再阅读其他的书，以及报纸杂志等等。这才可以使阅读能力越来越强。并且，要阅读什么就能阅读什么，才是真正的受用。

在课内，写作的是老师命题作文。那用意是让学生在按题作文的当儿，培养写作能力。凭这一份能力，应该随时动笔，写日记，写信，写笔记，写自己的种种想要写的。这才可以使写作能力越来越强。并且，要写作什么就能写作什么，才是真正的受用。

就一个高中毕业生说，阅读能力和写作能力应

---

　　* 原载中学生杂志社编的《中学生手册》，开明书店一九四八年七月出版。原题《国文》。

该达到如下的程度：

阅读方面——（一）能读日报和各种并非专门性质的杂志；（二）能看适于中学程度的各科参考书；（三）能读国人创作的以及翻译过来的各体文艺作品的一部份；（四）能读和教本里所选的欧阳修、苏轼、归有光等人所作散文那样的文言；（五）能适应需要，自己查看如《论语》、《孟子》、《史记》、《通鉴》一类的书；（六）能查看《国语辞典》、《辞源》、《辞海》一类的工具书。这里所说的"能"表示了解得到家，体会得透彻，至少要不发生错误。眼睛在纸面上跑一回马，心里不起什么作用，那是算不得"能"的。

写作方面——（一）能作十分钟的演说；（二）能写合情合理合式的书信；（三）能把自己的所见所闻所思所感记下来；（四）能写类似现社会中通用的文言信那样的文言。这里所说的"能"指表达得正确明白而言。至少也得没有语法上论理上的错误。就演说和书信说，还得没有礼貌上的错误。为什么把演说也列在写作方面？因为演说和写作是同一源头的两条水流，演说是用口的写作，写作是用笔的演说。

以上虽只是个人的意见，我自以为很切实际，一个高中毕业生能够如此，国文程度也就可以了，自己也很够受用了。至于阅读不急需的古书如《尚书》、《左传》、《老子》、《庄子》，写作不切用的体裁如骈文古文旧体诗，各人有各人的自由，旁人自然不便说他不对。可是就时代观点和教育立场说，这些都是不

必教中学生操心思花工夫的。还有文艺创作，能够着手固然好，不能够也无须强求，因为这件事不是人人都近情的。

靠自己的力 阅读要多靠自己的力，自己能办到几分务必办到几分。不可专等老师给讲解，也不可专等老师抄给字典词典上的解释以及参考书上的文句。直到自己实在没法解决，才去请教老师或其他的人。因为阅读是自己的事，像这样专靠自己的力才能养成好习惯，培养真能力。再说，我们总有离开可以请教的人的时候，这时候阅读些什么，非专靠自己的力不可。

要靠自己的力阅读，不能不有所准备。特别划一段时期特别定一个课程来准备，不但不经济，而且很无聊。也只须随时多用些心，不肯马虎，那就是为将来做了准备。譬如查字典，如果为了做准备，专看字典，从第一页开头，一页一页顺次看下去，这决非办法。只须在需要查某一字的时候看得仔细，记得清楚，以后遇到这个字就是熟朋友了，这就是做了准备。不但查字典如此，其他都如此。

应做的准备大概有以下几项：

（一）留心听人家的话。写在书上是文字，说在口里就是话。听话也是阅读，不过读的是"声音的书"。能够随时留心听话，对于阅读能力的长进大有帮助。听清楚，不误会，固然第一要紧；根据自己的经验加以衡量，人家的话正确不正确，有没有罅漏，也是必要的事。不然只是被动地听，那是很有流弊的。至于人家用词的选择，语调的特点，表现方法的优劣，也须加以

考虑。他有长处，好在哪里？他有短处，坏在哪里？这些都得解答，对于阅读极有用处。

（二）留心查字典。一个字往往有几个意义，有些字还有几个读音。翻开字典一看，随便取一个读音一个意义就算解决，那实在是没有学会查字典。必须就读物里那个字的上下文通看，再把字典里那个字的释文来对勘，然后确定那个字何音何义。这是第一步。其次，字典里往往有些例句，自己也可以找一些用着那个字的例句，许多例句聚在一块儿，那个字的用法（就是通行这么用）以及限制（就是不通行那么用）可以看出来了。如果能找近似而不一样的字两相比较，辨明彼此的区别在哪里，应用上有什么不同，那自然更好了。

（三）留心查词典。一个词也往往有几个意义，认真查词典，该与前一节说的一样。那个词若是有关历史的，最好根据自己的历史知识，把那个时代的事迹想一回。那个词若是个地名，最好把地图翻开来辨认一下。那个词若是涉及生物理化等科的，最好把自己的生物理化的知识温习一遍，词典里说的或许很简略，就查各科的书把它考究个明白。那个词若是来自某书某文的典故或是有关某时某人的成语，如果方便，最好把某书某文以及记载某时某人的话的原书找来看看。那个词若是一种制度的名称，一个专用在某种场合的术语，词典里说的或许很简略，如果方便，最好找些相当的书来考究个详细。以上说的无非要真个弄明白，不容含糊了事。而且，这样将词典作钥匙，随时翻检，阅

读的范围就扩大了，阅读参考书的习惯也可以养成了。

（四）留心看参考书。参考书范围很广，性质不一，未可一概而论。可是也有可以说的。一种参考书未必需要全部看完，但是既然与它接触了，它的体例总得弄清楚。目录该通体一看，书上的序文，人家批评这书的文章，也该阅读。这样，多接触一种参考书就如多结识一个朋友，以后需要的时候，还可以向他讨教，与他商量。还有，参考书未必全由自己购备，往往要往图书馆借看。那么，图书分类法是必要的知识。某个图书馆用的什么分类法，其中卡片怎样安排，某一种书该在哪一类里找，必须认清搞熟，检查起来才方便。此外如各家书店的特点以及它们的目录，如果认得清，取得到，对于搜求参考书也有不少便利。

以上说的准备也可以换成"积蓄"两个字。积蓄得越多，阅读能力越强。阅读不仅是中学生的事，出了学校仍需要阅读。人生一辈子阅读，其实是一辈子在积蓄中，同时一辈子在长进中。

阅读举要　如果经常做前面说的那些准备，阅读就不是什么难事情。阅读时候的心情也得自己调摄，务须起劲，愉快。认为阅读好像还债务，那一定读不好。要保持着这么一种心情，好像腹中有些饥饿的人面对着甘美膳食的时候似的，才会有好成绩。

阅读总得"读"。出声念诵固然是读，不出声默诵也是读，乃至口腔喉舌绝不运动，只用眼睛在纸面上巡行，如古人所谓"目治"，也是读。无论怎样读，起初该用论理的读法，把文句中一个词切断，读出它们彼此之间的关系来。又按各句各节的意

义，读出它们彼此之间的关系来。这样读了，就好比听作者当面说一番话，大体总能听明白。最忌的是不能分解，不问关系，糊里糊涂读下去——这样读三五遍，也许还是一片朦胧。

读过一节停一停，回转去想一下这一节说的什么，这是个好办法。读过两节三节，又把两节三节连起来回想一下。这个办法可以使自己经常清楚，并且容易记住。

回想的时候，最好自己多多设问。文中讲的若是道理，问问是怎样的道理？用什么方法论证这个道理？文中讲的若是人物，问问是怎样的人物？用怎样的笔墨表现这个人物？有些国文读本在课文后面提出这一类的问题，就是帮助读者回想的。一般的书籍报刊当然没有这一类的问题，惟有读者自己来提出。

读一遍未必够，而且大多是不够的，于是读第二遍第三遍。读过几遍之后，若还有若干地方不明白不了解，就得做翻查参考的工夫。这在前面已经说过了，关于翻查字典词典，以及阅读参考书，这儿不再重复。

总之，阅读以了解所读的文篇书籍为起码标准。所谓了解，就是明白作者的意思情感，不误会，不缺漏，作者表达些什么，就完全领会他那什么。必须做到这一步，才可以进一步加以批评，说他说得对不对，合情理不合情理，值不值得同情或接受。

在阅读的时候，标记全篇或者全书的主要部份，有力部份，表现最好的部份，这可以帮助了解，值得采用。标记或画铅笔线，或做别种符号，都一样。随后依据这些符号，可以总结全部

的要旨，可以认清全部的警句，可以辨明值得反复玩味的部份。

说理的文章大概只需论理地读，叙事叙情的文章最好还要"美读"。所谓美读，就是把作者的情感在读的时候传达出来。这无非如孟子所说的"以意逆志"，设身处地，激昂处还他个激昂，委婉处还他个委婉，诸如此类。美读的方法，所读的若是白话文，就如戏剧演员读台词那个样子。所读的若是文言，就用各地读文言的传统读法，务期尽情发挥作者当时的情感。美读得其法，不但了解作者说些什么，而且与作者的心灵相感通了，无论兴味方面或采用方面都有莫大的收获。

读要不要读熟，这看自己的兴趣和读物的种类而定。心爱某篇文字，自然乐于读熟。对于某书中的某几段文字感觉兴趣，也不妨读熟。熟读了，不待翻书也可以随时温习，得到新的领会，这是很大的乐趣。

学习文言，必须熟读若干篇。勉强记住不算熟，要能自然成诵才行。因为文言是另一种语言，不是现代口头运用的语言，文言的法则固然可以从分析比较而理解，可是要养成熟极如流的看文言的习惯，非先熟读若干篇文言不可。

阅读当然越快越好，可以经济时间，但是得以了解为先决条件。糊里糊涂读得快，不如通体了解而读得慢。练习的步骤该是先求其无不了解，然后求其尽量地快。出声读须运动口腔喉舌，总比默读仅用"目治"来得慢些。为阅读多数书籍报刊的便利起见，该多多练习"目治"。

　　阅读之后该是做笔记了，如果需要记什么的话。关于做笔记，在后面谈写作的时候说。

　　最要紧的，阅读不是没事做闲消遣，无非要从他人的经验中取其正确无误的，于我有用的，借以扩充我的知识，加多我的经验，增强我的能力。就是读文艺作品如诗歌小说等，也不是没事做闲消遣。好的文艺作品中总含有一种人生见解和社会观察，这对于我的立身处世都有极大的关系。

　　写作须知　写作必须把它看成一件寻常事，好比说话一样。但是又必须把它看成一件认真事，好比说话一样。

　　写作决不是无中生有。必须有了意思才动手写作，有了需要才动手写作。没意思，没需要，硬找些话写出来，这会养成不良的写作习惯，而且影响到思想方面。

　　写作和说话虽说同样是发表，可也有不同处。写作一定有个中心，写一张最简单的便条，写一篇千万字的论文，同样的有个中心，不像随便谈话那样可以东拉西扯，前后无照应。写作又得比说话正确些，齐整些，干净些。说话固然也不宜错误拖沓，可是听的人就在对面，不明白可以当面问，不心服可以当面驳，嫌罗嗦也可以说别太罗嗦了。写了下来，看的人可不在对面，如果其中有不周到不妥帖处，就将使他人不明白，不心服，不愉快，岂不违反了写作的本意。所以写作得比说话正确些，齐整些，干净些。

　　写作的中心问自己就知道。写一张便条，只要问为什么写这

张便条，那答案就是中心。写一篇论文，只要问我的主要意思是什么，那答案就是中心。

所有材料（就是要说的事物或意思）该向中心集中，用得着的毫无遗漏，用不着的淘汰净尽。当然，用得着用不着只能以自己的知识能力为标准。按标准把材料审查一下总比不审查好，不审查往往会发生遗漏了什么或多馀了什么的毛病。

还有一点，写作不仅是拿起笔来写在纸上那一段时间内的事情。如前面所说，意思的发生，需要的提出，都在动笔之前。认定中心，审查材料，也在动笔之前。提起笔来写在纸上，不过完成这工作的一段步骤罢了。有些人认为写作的工作在提起笔来的时候才开始，这显然是错误的。如果如此，写作就成为一种无需要、无目的、可做可不做的事了。

写作完毕之后，或需修改，或不需修改。不改，是自以为一切都写对了，没有什么遗憾了。至于修改，通常说由于自己觉得文字不好。说得确切一点，该是由于自己觉得还没有写透那意思，适合那需要。于是再来想一通，把材料增减一些，调动一些，把语句增减一些，变换一些，这就是修改。

练习写作，如果是课内作文也得像前面所说的办。题目虽然是老师临时出的，可是学生写的意思要是平时有的，所需的材料又要是找得到的，不然就是无中生有的勾当了。（老师若出些超出学生能力范围的题目，学生只好交白卷，但是不必闹风潮。）练习是练习有意思有材料就写，而且写得像样，不是练习无中生

有。

无论应用的或练习的写作，以写得像样为目标。记事物记清楚了，说道理说明白了；没有语法上的毛病了；没有论理上的毛病了；这就是像样。至于写得好，那是可遇而不可求的。经验积聚得多，情感蕴蓄得深，思想钻研得精，才可以写成好文章。换句话说，好文章是深度生活的产品，生活的深度不够，是勉强不来的。希求生活渐进于深度，虽也是人生当然之事，可是超出了国文学习的范围了。

要写得像样，除了审查材料以外，并得在语言文字上用心，这才可以表达出那选定的材料，不至于走样。所谓在语言文字上用心，实际也是极容易的事，试列举若干项：（一）所用的词要熟习的，懂得它的意义和用法的。似懂非懂的词宁可不用，换一个熟习的来用。（二）就一句句子说，那说法要通行的，也就是人家会这么说，常常这么说的。一句话固然可以有几样说法，作者有自由挑选那最相宜的使用，可是决不能独造一种教人家莫名其妙的说法。（三）就一节一段说，前后要连贯，第二句接得上第一句，第三句接得上第二句。必须注意连词的运用，语气的承接，观点的转换不转换。一个"所以"一个"然而"都不可随便乱用。陈述、判断、反诘、疑问等的语气都不可有一点含糊。观点如须转换，不可不特别点明。（四）如果用比喻，要问所用的比喻是否恰当明白。用不好的比喻还不如不用比喻。（五）如果说些夸张话，要问那夸张话是否必要。不必要的夸张不只是语

言文字上的毛病，也是思想上修养上的毛病。（六）不要用一些套语滥调如"时代的巨轮""紧张的心弦"之类。这些词语第一个人用来见得新鲜，大家都用就只有讨厌。（七）运用成语以不改原样为原则，如"削足适履"不宜作"削足凑鞋"，"怒发冲冠"不宜作"怒发把帽子都顶起来了"。（八）用标点符号必须要审慎。宜多用句号，把一句句话交代清楚。宜少用感叹号，如"以为很好""他怕极了"都不是感叹语气，用不着感叹号。用问号也得想一想。询问和反诘的语气才用问号，并不是含有疑问词的语句都要用问号。如"他不知道该怎么做""我问他老张哪一天到的"都不是问句，用不着问号。

写作举要　练习写作，最好从记叙文入手。记叙文的材料是现成的，作者只须加上安排取舍的工夫，容易着手。

议论文也不是不必练习，但是所说的道理或意见必须明白透彻，最忌把不甚了了的道理或意见乱说一阵。因此，练习议论文该从切近自身的话题入手，如学习心得和见闻随感之类。

应用文如书信，如读书报告，往往兼包记叙和议论。写作这类东西，一方面固然应用；一方面也是练习。所以也得认真地写，多一回认真的练习，就多一分长进。

以下略说写作各类东西的大要：

（一）记物的文字须把那东西的要点记明。譬如记一幅图画，画的什么就是要点，必须记明。也许画面上东西很多，而以某一件东西为主，这某一件东西必须说明。

（二）叙事的文字须把那事件的始末和经过叙明。譬如叙一个文艺晚会，晚会的用意和开会的过程必须叙明。也许会中节目很多，几个重要的节目必须详叙，其馀节目只说几句简单的话带过。

（三）书信须把自己要向对方说的话说清楚。不清楚，失了写信的作用，重复罗嗦，容易混淆对方的心思，都不能算写得适当。书信又须注意程式。程式不是客套，程式之中实在包含着情分和礼貌。不注意程式，在情分上礼貌上若有欠缺，就将使对方不快，这也违反写信的初意。

（四）日记最好能够天天写，对修养有好处，对写作也有好处。刻板式的日记比较没有意义。一天里头总有些比较新鲜的知识见闻和想头，就把那些记下来。

（五）读书笔记不只是把老师写在黑板上的注解表格等等抄上去，也不只是把一些书本上的美妙紧要的文句抄上去。除了这些，还有应该记的，如：翻了几种书，就可以把参照比较的结果记录下来。读了一篇文章一部书，自己有些想头，或属怀疑，或属阐发，或属欣赏，都可以记录下来。

（六）给壁报揭载的或投寄报纸杂志的文章与其他文章一样，也应该以写自己熟知的了解的东西为主。可是有点不同，这类文章是特地写给他人看的，写的时候，心目中就须顾到读者。既然顾到读者，人人知道的事物和道理就不必写。至于自己还没有弄清楚的大问题大道理，那非但不必写，简直不容写，写出来

就是欺人，欺人是最要不得的。

写字　末了儿还得说一说写字。一般人只须讲求实用的写字，不必以练成书家为目标。实用的写字，除了首先求其正确之外，还须求其清楚匀整，放在眼前觉得舒服，至少也须不觉得难看。

临碑帖，一般人没有这么多闲工夫。只须逢写字不马虎，就是练习。写字是手的技能，随时留意，自然会做到心手相应的地步。

目前写字的工具不只毛笔，钢笔铅笔也常用，也许用得更多。无论用什么笔写，全都得不马虎，才可以养成好习惯。

就字体而论，一般人只须注意真书行书两种。行书写起来比真书快，所以应用更广。行书是真书的简化，基本还是真书。真书写得像样，行书就不会太差。

真书求其清楚匀整，大略有如下几点可以说的：（一）笔笔交代清楚，横是横，撇是撇，一点不含糊。（二）横平竖直，不要歪斜，这就端正了。（三）就一个字而言，各笔的距离务须匀称，不太宽也不太挤。这须相度各个字的形状。偏旁占一半还是三分之一，头和底各占几分之几，中心又是哪一笔，相度清楚，然后照此落笔。距离匀称，不宽不挤，看在眼里就舒服。（四）就一行的字而言，须求其上下连贯，无形中好像有一条直线穿着似的。还须认定各个字的中线，把中线放在一直线上。中线或是一竖，如"中"字"草"字，或是虚处，如"非"字"井"字，

很容易辨明。（五）就若干行的字而言，须求两行之间有一条空隙、次行的字的笔画触着前行的字的笔画固然不好看，就是几乎要触着也不好看。（六）写一长篇的字须要前后如一。如果开头端端整整，到后来潦潦草草，这就通篇不一致，说不上匀整了。

如果有工夫练习实用的写字，可以按字的形体分类练习，如挑选若干木旁字来写，又挑选若干雨头字来写。木旁雨头的字是比较容易的，比较烦难的尤宜如此，如心底的字，从辶的字。手写之外，宜乎多看，看人家怎样把这些字写得合适。看与写并行，心与手并用，自然会逐渐有进步。

文艺作者动脑筋，搞创作，这是一种思维活动。这种思维活动要塑造一些人物，布置一些情节，描写一些景象，目的在反映生活的实际——虽然写成的小说戏剧之类是假设虚构，可是比记载实在的事情还要真实。

有人以为思维活动是空无依傍的，这种想法并不切合实际。空无依傍就没法想。就说想一个人的高矮吧，不是高个子，就是矮身材，或者是不高不矮，刚刚合度，反正适合那想到的对象就成。要是不许你想高个子，矮身材，不高不矮，刚刚合度，等等，你又怎么能想一个人的高矮呢？

高个子，矮身材，不高不矮，刚刚合度，等等，全都是语言材料。各种东西的性状，各种活动的情态，这个，那个，这样，那样，不依傍语言材料全都没法想。因此，咱们可以相信，思维活动决不是空无依傍的，必须依傍语言材料才能想。

必须依傍语言材料才能想，所以思维活动的过程同时就是语言形成的过程。不是先有个空无依傍

关于使用语言 *

＊　原载《人民文学》一九五六年三月号。

的想头然后找些语言把它描写出来，是一边在想一边就在说话，两回事其实是一回事。

两回事既然是一回事，那么，想的对头，说的也必然对头；说的有些不到家，就表示想的有些不到家。

要是说，"我想的倒挺好，只是说出来的语言走了样"，人家怎么会相信呢？人家会问："你是依傍语言材料想的，想的挺好，形成的语言当然也不错，怎么说出来会走了样呢？"人家这个问话是没法回答的。其实这儿所谓想的挺好只是一种幻觉，语言走样就证明你还没想得丝丝入扣。

再拿文艺作品来说。文艺作品是作者思维活动的成果，思维活动的固定形式，也就是写在纸面上的语言——文字。作者给读者的，仅仅是这些写在纸面上的语言，这以外再没有别的。读者认识作者所反映的生活的实际，了解作者的世界观和人生观，也仅仅靠这些写在纸面上的语言，这以外再没有别的。因此，这些写在纸面上的语言是作者读者心心相通的惟一的桥梁。读者不能脱离作品的语言理解作品，要是那样，势必是胡思乱想。作者也不能要求读者理解没提到的东西，搞清楚没说清楚的东西，要是那样，就不免宽容了自己，苛待了读者。固然，文艺作品里常常有所谓"言外之意"，话没明说，只要读者想得深些透些，也就能够体会。可是言外之意总得含蓄在明说出来的话里头，读者才能够体会。要是根本没有含蓄在里头，怎么能叫读者无中生有地去体会呢？所以言外之意还是靠语言来传达的。

以上的话无非要说明这么个意思：思维和语言密切地联系着，咱们不能把想的和说的分开来看待。实际上思维和语言是分不开的。可见分开来看待是主观方面的态度。分开来看待就出毛病，主要的毛病是走上这么一条路：想得朦胧模糊，说得潦草随便。所谓想得朦胧模糊，就是头脑里只有一些跳荡的没有秩序的语言材料，语言的固定形式还没有形成，在这时候就以为是够了，想得差不多了——其实还得好好地继续想。所谓说得潦草随便，就是赶紧要把还没形成固定形式的东西说出来，这其实是说不出来的，说不出来的硬要说，硬要说又非取一种固定形式不可，非说成一串语言不可——这就免不了潦草随便。

不把想的和说的分开来看待，情形就完全不同了。头脑里只有一些跳荡的没有秩序的语言材料的时候，决不就此停止，非想到形成了语言的固定形式不可。这固定形式并不是随便形成的，它的形成是有原则的，就是跟所想的符合。一边在想，一边就是在说，当然只能取这么个原则。为什么用这个词，不用那个词；为什么用这样的句式，不用那样的句式；为什么先说这个，后说那个；为什么这一部份说得那么多，那一部份说得那么少，诸如此类，全都根据这么个原则而来。这样的固定形式不保证一定是好作品，那还得看作者的世界观和人生观怎样，作者对生活的实际认识得怎样。可是作者这一番思维活动是认真的，着实的，那是可以肯定的。凡是好作品大概都具备这样的基础。

不把想的和说的分开来看待，就不会像有些人那样，说"语

言只是小节罢了"——言外颇有尽可以不管或者少管的意思。要是听见人家在那里说"语言只是小节罢了",一定会毫不放松,跟人家争辩,哪怕争得面红耳赤。语言是作者可能使用的惟一的工具,成败利钝全在乎此,怎么能是小节?咱们能对读者说"不要光看我的作品,你得连带看我的头脑"吗?咱们能对读者说"我的头脑比作品高妙得多"吗?不能。头脑,藏在里面,怎么能看呢?而且读者就要看咱们的作品,就要通过作品看咱们的头脑。而作品呢,从头到尾全都是写在纸面上的语言,就靠这些写在纸面上的语言,咱们的头脑才跟读者相见。语言怎么能是小节?

不把想的和说的分开来看待,对作品的修改的看法也就正确了。有人说自己的或者人家的作品还得修改,往往接着说"不过这是文字问题"(所谓文字问题就是语言问题)。咱们在开会讨论什么文件章则的时候,也常常听见这样的话:"大体差不多了,馀下的只是文字问题了。"单就"文字问题"四个字着想,就知道说话的人是相信内容实质可以脱离语言而独立存在的,是相信语言的改动不影响内容实质的。实际上哪有这回事呢?内容实质凭空拿不出来,它要通过语言形式才拿得出来。语言形式有改动,内容实质不能不改动。而且,正因为内容实质要改动,才改动语言形式。不然,为什么要改动语言形式呢?这么想,就可以知道所谓修改,实际上是把内容实质重新想过,同时就是把话重新说过。一大段话的增补或者删掉,这一段和那一段的对调,

一句话一个词的增删改动，全都是重新想过重新说过的结果，决不仅仅是"文字问题"。这是个正确的看法。这个看法的好处在注重内容实质，所作的修改必能比先前提高一步。

就语言的使用说，大概跟经济工作一样，节约很重要。经济工作里头所谓节约，并不是一味地省，死扣住物力财力尽量少用的意思。节约是该用的地方才用，才有计划地用，用得挺多也要用；不该用的地方就绝对不用，哪怕用一点也是浪费。关键在乎该用不该用。咱们写个作品，在语言的使用上也该遵守节约的原则。

就说描写一个人的状貌吧，五官四肢，肥瘦高矮，坐着怎样，站着怎样，跑路又怎样，诸如此类，可以写个无穷无尽。再说写几个人的对话吧，说东道西，天南地北，头绪像藤本植物那样蔓延开来，也可以写个无穷无尽。此外如描写一个乡村的景物，叙述一间屋子里的陈设，要是把想得到的实际上可能有的全都搬出来，也就漫无限制。像这样无穷无尽，漫无限制，就违反了节约的原则。要讲节约，就得考虑该用不该用。怎么知道哪些该用哪些不该用呢？写个作品总有个中心思想，跟中心思想有关系的就该用，而且非用不可，没有关系的就不该用，用了就是累赘。这只是抽象地说。某个作品的中心思想是什么，认真的作者自然心中有数。心中有数，哪些该用哪些不该用就有了把握。于是，譬如说吧，描写一个人的状貌，不写别的，光写他的浓眉毛和高颧骨。写几个人的对话，绝不罗嗦，只让甲说这么三句，乙

说这么五句，丙呢，让他说半句不完整的话。乡村景物可以描写的很多，可是只写几棵新栽的树和射到树上的阳光。房间里的陈设该不止一个收音机，可是就只写那个收音机，再不提旁的。为什么只挑中这些个呢？一句话回答：这些个跟中心思想有关系，适应中心思想的要求。这就叫厉行节约。

再就一句话来说。一句话里的一个名词，加得上去的修饰语或者限制语决不止一个，一个动词或者形容词，加得上去的修饰语决不止一个。要是把加得上去的都给加上去，大概也会违反节约的原则。怎么办呢？只有看必要不必要。必要的才给加上去，不必要的全丢开。或者一个必要的也没有，就一个也不给加上去。必要不必要怎么断定呢？还是看中心思想。一句话的作用不是写人就是写物，不是写事情就是写光景……这些个全跟中心思想有关系。所以每句话全跟中心思想有关系，全该适应中心思想的要求。凡是适应要求的就是必要的。

语言里像"虽然""那么""固然""但是""因为""所以"之类的词好比门窗上的铰链，木器上的榫头。这些词用起来也有必要不必要的分别。譬如说"因为怕下雨，所以我带着把伞出门"，这交代得挺明白，不能说有什么错。可是咱们大都不取这么个说法，只说"怕下雨，我带着把伞出门"。为什么呢？因为不用"因为""所以"，这里头的因果关系已经够明白了。已经够明白，还给加上榫头，那就不必要，就不合节约的原则。

咱们评论语言的使用，往往用上"干净"这个词，说某人的

话很干净，某篇东西的语言不怎么干净。所谓干净不干净，其实就是节约不节约。从一节一段到一个词一个句子，全都使用得恰如其分，不多也不少，就做到了节约，换个说法，这就叫干净。

语言的节约仅仅是语言问题吗？或者仅仅是某些人惯说的"文字问题"吗？只要领会到语言跟思维的密切联系，就知道不仅仅是语言问题或者"文字问题"。语言要求节约跟思维要求节约是分不开的。在思维过程中，必须把那些罗罗嗦嗦的不必要的东西去掉，同时非把那些必要的东西抓住不可，这是思维的节约。表现在语言方面，就是语言的节约。

就语言的使用说，还有很重要的一点必须特别注意，就是语言的社会性。语言是社会的产物，是大家公用的东西，用起来不能不要求彼此一致。你这么说，我就这么了解；你那么说，我就那么了解；你说个什么，我就了解个什么；切实明确，不发生一点儿误会，这全在乎双方使用语言的一致。

决不可能有个人的语言，与众不同，自成一套，那是办不到的，那样的语言（要是也可以叫语言的话）非但不能叫人家了解，自己也没法依傍着来思维。所以一个人生在这个社会里，就注定使用这个社会的共同的语言。

使用共同的语言，可是跟人家不怎么一致，这种情形是可能有的。或者是学习不到家，养成了不正确的习惯，或者是一时疏忽，应该这样说的那样说了，这就跟人家不一致了。跟人家不一致总是不好的，即使差得有限，也叫人家了解不真切，有朦胧

之感，要是差得很远，就叫人家发生误会，或者完全不了解。因此，凡是使用语言的人，包括文艺作者，都得随时注意，自己在使用上有没有跟人家不一致的地方，要是有，赶快纠正。

注意可以分三个方面——语音，语法，词汇。单就写在纸面上的语言说，作者的语音准确不准确无从分辨，因此，可以撇开语音，只谈语法和词汇两个方面。

语法是联词成句的规律，每种语言有它的语法，没有语法就不成其为语言。咱们从小学语言，逐渐能叫人家了解，正因为不但学会了些词，同时也学会了语法。有些人觉得没有什么语法似的，这跟咱们生活在空气里，仿佛觉得没有什么空气一样。中小学要教语法，理由就在此。自发地学会了语法，并不意识到有什么语法，难保十回使用不出一两回错。在学校里学了语法，自觉地掌握住语法的规律，就能保证每回使用都不错。怎样叫掌握住规律？怎样叫不错？也无非跟使用这种语言的人的语法完全一致罢了。

谁要是说"语法不能拘束我，我自用我法"，这好比说脱离了空气也可以生活，当然是个不切实际的想法。现在这样想的人并不太多了，大家知道语法的重要性。知道语法重要就得研究语法。依靠一些语法书来研究，或者不看什么语法书，单就平时的语言实践来研究，都可以。一般说来，文艺作者对语言的敏感胜过其他的人，文艺作者只要随时留心，即使不看什么语法书，发现规律掌握规律也是容易的。譬如说吧，同样是疑问语气，为什

么有的用"吗"，有的用"呢"，有的任何助词都不需要呢？又如同样是假设语气，为什么有的需要用"如果"或是"要是"，有的不必用这些词，假设语气也显然可辨呢？又如同样是重迭，为什么："研究研究"不能作"研研究究"，"清清楚楚"不能作"清楚清楚"，并且，重迭跟不重迭的不同作用在哪儿呢？又如最平常的一个"的"字，为什么有的地方必不可少，少了就使词跟词的关系不明，有的地方尽可不用，用了反而见得累赘呢？诸如此类，只要一归纳，一比较，就把所以然看出来了。这样看出来的是最巩固的，不仅能永远记住，而且能在语言实践里永远掌握住。

无论是谁，说话写文章大致是合乎语法的。偶尔有些地方不合语法也是难免的，原因不外乎前边说过的两点——习惯不良，一时疏忽。文艺作者笔下的东西，按道理说不应该有这个偶尔。只要随时留心，把语法放在心上，当一回事儿，就能够纠正不良的习惯，防止疏忽的毛病，就能够避免这个偶尔。

现在再就词汇说一说。各人的词汇的范围并不完全相同，可是谁都在那里逐渐扩大词汇的范围。单就一个人说，了解的词汇必然大于使用的词汇。因为使用的非了解不可，而了解的未必全拿来使用。譬如咱们了解一些文言的词，咱们大都不拿来使用。

在思维活动的时候，咱们随时挑选适当的词。什么叫适当的词呢？一，切合咱们所想的对象；二，用得跟社会上一致。譬如想的是一种颜色，这种颜色是"红"，社会上确实叫它"红"，

那么"红"就是适当的词。又如想的是一种动作,这种动作是"推",社会上确实叫它"推",那么"推"就是适当的词。切合对象,跟社会上一致,这两点是联系着的。正因为约定俗成,这种颜色大家都叫它"红",这种动作大家都叫它"推","红"和"推"才是切合对象的词。要是换成"绿"和"拉",那就跟社会上完全不一致了,也就是跟对象完全不切合了。

像"红"和"推"那样的词还会用得不适当吗?当然不会。可是大多数的词不像"红"和"推"那么简单,往往要下工夫挑选,才能找着那个最适当的。譬如"美丽""美""艳丽""漂亮",粗看好像差不多。这几个词的分别到底在哪儿,当前该用哪一个才切合所想的对象,才跟社会上一致,这是挑选的时候必须解决的。求解决可以查词典,一部好的词典就在乎告诉人家每个词的确切的本义和引申义,明确地指出它能用在某种场合,不能用在某种场合。要是平时做过归纳比较的工夫,能够辨别得很明确,那就无须查什么词典,因为词典也是经过这样的工夫编出来的。说到这儿又要提起文艺作者对语言的敏感了。文艺作者凭他的敏感,平时在这方面多多注意,也是"工欲善其事,必先利其器"的准备工作。在目前还没有一部叫人满意的词典,这种准备工作尤其需要。要是平时不做这种准备工作,连勉强可用的词典也不查一查,那么临到选用的时候就有用得不适当的可能——本该用"美"的,用了"美丽"了,或者本该用"美丽"的,用了"漂亮"了。咱们对每一个词,不能透彻地了解它,就不能适

当地使用它。严格一点儿说，只有咱们透彻地了解的那些词，才该归入咱们"使用的词汇"的范围。

咱们要随时吸收先前不曾了解不会使用的词，扩大"使用的词汇"，扩大了再扩大，永远没有止境。不是说从广大群众方面，从种种书刊方面，都可以学习语言吗？这不仅指扩大词汇而言，可是扩大词汇也包括在内。平时积蓄了财富，需用的时候就见得宽裕，尽可以广泛地衡量、挑选最适当的来使用。要是吸收不广，积蓄不多，就可能发生两种情形。一种情形是一时找不着适当的词，随便用上一个对付过去。另一种情形是生造一个词用上，出门不认货，不管人家领会不领会。譬如某一部作品里说大风"抨击"在脸上，这就是前一种情形。"抨击"不是普通话的词，是文言的词，意义是攻击人家的短处，拿来说大风，牛头不对马嘴。同一部作品里又说声音"飘失"在空中，这就是后一种情形。"飘失"是作者生造的词，用方块汉字写在纸面上，人家认得"飘"字"失"字还可以猜详，要是口头说出来，人家就听不懂，或者用拼音字母写下来，人家就看不懂。可见这两种情形都是不好的。

新事物不断地出现，新词就陆续地产生。凡是新词，总有人在口头或是笔下首先使用。可是仅仅一个人使用一两次，这个新词不一定就能成立，必须多数人跟上来，也在口头或是笔下使用它，它才能成立。多数人使用它就好比对它投了同意票。至于并非新事物的事物，既然有现成的词在那里，就无须另外造什么新

词。固然，另外造新词也是一种自由，谁也不能禁止谁，然而享受这种自由的结果，无非给自己的语言蒙上一层朦胧的阴影，给人家添点儿猜详的麻烦罢了。

咱们还应该注意辨别普通话和方言土语。要依照普通话的语法，使用普通话的词，不要依照方言土语的语法，使用方言土语的词。推广普通话，汉民族使用统一的语言，在社会主义建设高潮的今天，是作为一种严肃的政治任务提出来的。文艺作者跟其他文化工作者一样，应该而且必须担当这个任务。普通话和方言土语，就语法说，差别不太大，可并不是没有种种微小的差别。就词和熟语成语说，那就差别很大，各地的方言土语之间差别也很大。在文艺作品里，方言土语的成份搀用在普通话里的情形大致有两种：一种情形是只搀用某一地区方言土语的成份，如只搀用东北话或者河南话的成份。这在某一地区的人读起来方便，对其他地区的人可就是不小的障碍。另一种情形是搀用某几个地区方言土语的成份，南腔北调，兼收并蓄。这对各地区的人部是不小的障碍。而作者搀用那些方言土语的成份，又有有意识和无意识的分别。有的是故意要用上那些成份，有的是没有下工夫辨别，不知不觉地用上那些成份了。现在咱们的目标是使用纯粹的普通话，那当然不该故意用上些方言土语的成份了。为要避免不知不觉地用上，就得养成习惯，哪些是普通话的成份，哪些是方言土语的成份，要能够敏感地辨别，恰当地取舍。

还可以这么考虑，方言土语的成份也不是绝对不用，只是限

制在特定的情况下使用。譬如作品是某个人物的对话，要是用了某地区的方言土语，确实可以增加描写和表现的效果，这就是个特定的情况，这时候就不妨使用。又如作者觉得方言土语的某一个成份的表现力特别强，普通话里简直没有跟它相当的，因此愿意推荐它，让它转成普通话的成份，这就是个特定的情况，这时候就不妨使用。——到底能不能转成普通话的成份，那还得看群众同意不同意。

到这儿，关于语言的社会性说得差不多了。要讲究语法，要注意选词，要避免使用方言土语的成份，这些并不是什么清规戒律，全都为的语言的一致。大家的语言一致，语言才真正是心心相通的桥梁。不要以为这样未免太不自由了，要知道在这点上讲自由，势必造成语言的混乱。不要以为这样就限制得很严，再没有用武之地了，要知道这些要求只是语言的基本要求，在达到基本要求的基础上，作者凭他的世界观人生观和才能，尽可以千变万化地运用，完成他的语言的艺术。

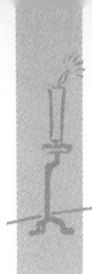

我今天同做新闻工作的同志谈谈语法修辞问题。

什么是语法呢？语法不是谁造出来的，它是语言在发展中自然形成的规律。每一个民族的语言都有它自然形成的规律。比如我们说"吃饭"，"吃"一定在"饭"前面，"饭"一定在"吃"后面；"我吃饭"或"你吃饭"，"我"、"你"一定在"吃"前面，这个次序就属于汉语语法的规律。这个次序是不是所有的语言都一样呢？不是的。比如日语，就说"我饭吃"。

学语法不一定到学校去学，不一定从书本上学。小孩子开始学话，同时就在学语法。说这是"妈妈"，这叫"茶"，这样叫"喝茶"。小孩子说"茶喝"，大人就告诉他，不说"茶喝"，说"喝茶"。这就是在学语法了。

小孩子一进小学，语法就可以得四分五分（假如按五分制），因为先生的话，学生懂；学生的

　　＊　这篇文章是作者一次报告的记录，原载一九五七年三月三日《新闻与出版》（中国人民大学新闻系编）第四版。编入本书，经过整理。

谈语法修辞＊

话，先生懂；同学的话，彼此也懂。既然说话能让人懂，就是合乎语法，就可以得四分五分。

一九五一年，《人民日报》发表社论，号召大家："正确地使用祖国的语言，为语言的纯洁和健康而斗争！"还登了有关语法的文章，曾经引起大家的注意。其实，大家对语法，老早就会了，只是平常注意不够，现在自觉地揣摩一下，研究一下，就能很好地掌握了。一个人对语法，如果仅仅是自发地学，说十句话，八九句是对的，一两句还不免有错，经过揣摩、研究以后，说十句，写十句，就可以十句不错；说百句，写百句，就可以百句不错。抓住规律，按照规律说话写文章，就可以保证不错。语法所以要学，原因就在这里。

什么是修辞呢？我国有句古话"修辞立其诚"。修辞，就是把话说得很正确，很有道理，很完善。"修"并不是修饰的意思，白茶碗不好看，画朵花来修饰一下，修辞不是这样。

比如说："英法入侵埃及，毫无理由，毫无根据，这是大家理解的。"这是正面的说法。如果说："英法入侵埃及，毫无理由，毫无根据，这不是大家都理解的吗？"这是反诘的说法。两种说法都对，说出来人家都了解，到底用哪种说法好呢？要看说话当时的情况来挑选。这就是修辞。又比如说"这件事情叫人怒发冲冠"，也就是说"这件事情叫人生气极了"。说"生气极了"也行，但是听起来印象不怎么深，说"怒发冲冠"就不同。当然，哪有头发把帽子顶起来的？这是夸张的说法。这也是修

辞。

总起来说，什么叫语法呢？语法就是教人如何把话说得对。什么叫修辞呢？修辞就是教人如何把话说得好。自觉地研究语法，说话就可以不出错误；自觉地研究修辞，就可以把话说得更好。要很好地运用语言，就要研究语法和修辞。这不是说不研究话就说不好，不研究也可以说得好，但是有时可能说不好，研究以后，可以自觉地把话说好。

语法和修辞都是语言方面的事。做新闻工作的同志同语言有什么关系呢？

第一，语言是新闻工作者的工具，也可以说是武器。

新闻工作者是靠语言来工作的。新闻工作无非是宣传、鼓动、说服、教育。比如这几天报纸上登载纪念孙中山先生的文章，说孙中山先生是伟大的革命先行者，说他怎样怎样，这许多意思，怎么拿出来呢？要靠语言。人和人当着面，有什么意思要告诉人，必须说出来，而不能把脑袋打开给人看；不当面，就得写出来。说出来是什么？是语言。写出来是什么？是用文字表达出来的语言。

新闻工作者既然靠语言工作，那就专门学语言好了。这对不对呢？当然不对，还要学习理论，学习政策法令，学习各种科学知识。世间没有不牵涉理论、政策法令和各种科学知识的空洞的语言。语言一定有内容。用"空洞的语言"来做新闻工作是不行

的。

反过来，理论、政策法令和各种科学知识都学好了，但是语言差，有内容拿不出来，这也不行。学语言如果学得认真，学得好，就容易把宣传的内容拿出来。如果学得囫囵吞枣，乱七八糟，那就不能很清楚地拿出来了。

所以，新闻工作者要学语言，而且要学好。不把语言学好，就等于砍柴的没有把刀磨好。

第二，新闻工作者同时又是语言教育工作者。

新闻工作者要对群众进行语言教育，认识这一点是很重要的。群众不但从报刊上知道事情，而且从报刊上学习语言。不仅报刊这样，学生用的教材，无论是历史、地理、化学、物理……同时也都是语文教材，从这些教材中都可以学习语言。做出版工作的是把编成的书拿出去，同时也就是对读者进行语言教育。这样一想，我们就感到责任重大，应当很谨慎从事。假如道理讲错了，就有坏的影响，道理讲得不错，但是话说得乱七八糟，废话很多，也有坏的影响。人家学了，还要认为好，说这是某报某刊说的，这是某书说的。为什么前几年《人民日报》特地为使用语言发表社论呢？就是这个道理。大家不注意语言，说话、作报告乱讲一气；写文章、写书乱写一气，这个影响很大。

一方面，我们要做好工作，需要善于运用语言；一方面，我们给人家做语言教师，需要给广大读者做善于运用语言的榜样。要善于运用语言，就必须熟悉语法和修辞。

运用语言还有个普通话的问题。

一九五五年十月，开了文字改革会议，后来又开了汉语规范问题学术会议，都提出了推广普通话。

什么是普通话呢？以北京语音为标准音，以北方话为基础方言，以典范的现代白话文著作为语法规范的语言，就是普通话。

为什么要推广普通话呢？汉语方言分歧，例如，一样东西有许多名称，玉米，有的叫棒子，有的叫包谷，有的叫玉蜀黍……有二十来种。你说你的，我说我的，这有什么好处呢？没有好处。要定一个规范，大家都叫玉米，或者都叫包谷。

语言分歧，在实际工作中产生很多困难，对社会主义建设是很不利的。建设社会主义要全体人民通力合作，这就要多数人说一致的话。说话不一致，勉强可以了解，可是要打折扣。如果完全一致，彼此就能彻底了解了。

推广普通话，不能由政府下个命令要大家非说不可，必须从各方面用各种方式进行语言教育，使大家运用语言逐渐趋于一致；也不能限到某年某月为止，而要逐渐推广。推广普通话要从各方面进行，新闻工作者当然负有重要的责任。

新闻工作者运用语言有几个特点：

第一个特点，时间性很强。昨天的事，今天报上就登出来了。写小说就没有这个特点，今天写不成明天写，明天写不成后天写，没有时间限制。别的写文章的人也可以从容考虑，可以今

天打腹稿，明天整理一下后天写稿，过几天再看看，修改修改，还可以请朋友看看。

第二个特点，篇幅有限制。就是说不能太长，大概是愈短愈好，要短到不能再短。当然，篇幅短并不是内容单薄，而是用最少的文字写出要说的内容，而且要写得好，能感动人。这个就很不容易。

写文章要讲节约，不能浪费。《人民日报》现在一天出八版，如果每一版有八分之一的废话，它的内容实际上就只剩七版，八分之一的篇幅浪费了。我们如果没事做，可以毫无限制地讲废话，比如讲一个人，从他的面貌、声音、姿态、衣服讲起，可以讲一小时。写文章就不要这些废话。写文章，说话，只能必要的才讲。现在常说"可要可不要的就不要"，"可用可不用的就不用"，我们写文章说话也要"可说可不说的就不说"。说一些话，要考虑这些话说出去有什么作用，如果不发生作用，那就不说。

这个道理不只做新闻工作应该注意，无论写什么东西、说什么话都应该注意。你写文章不预备给人看，说些废话无所谓，但是登在报纸杂志上却不行。人家看你的东西，不是看你的废话。说废话就是不愿意对读者负责。让读者多花几个钱买报纸杂志还是小事情，大事情是浪费人家的精神，浪费人家的时间，太对不起人家了。

第三个特点，影响很大。报纸、杂志、书本上说的话，人

家都要拿来作榜样。不能给人家坏的榜样。我常常发现报纸、杂志、广播的文字和语言有些不妥当的地方。比如有一次广播里讲到两个朋友很好，你尊重我，我尊重你，用了"相敬如宾"的成语，这就用错了。最近《人民日报》的一篇社论，说到帝国主义看到某一事件，以为有机可乘，用了"一心以为有鸿鹄将至"，这也用错了。这是孟子用的一个比喻。有一个善下棋的人叫作秋，他教两个学生下棋。一个专心学习，学得很好；另一个虽是学习，却一心想着天上有鸿鹄飞来，想用弓箭把它射下来。这个比喻明明是用来说明不专心的。报纸上那样用，就牛头不对马嘴了。

报纸杂志和广播上的错误，影响是很大的。人家拿来做根据，说"报纸上这样用的"，"广播上这样用的"。你用错了，大家都跟着错，那多么不好。

了解不清楚的词，最好不用，等查清楚了再用。随便用了，就会在社会上造成坏影响。我们的新闻工作对人民影响很大，最好能够做到每一个字、每一句话都恰当，都有力量。

总起来说，新闻工作者应该非常敏捷地写出一点毛病都没有的文章。要做到这一点，就得掌握语法修辞的规律。

语法修辞的基本要求是什么呢？

（1）用词方面

语言好像一幢房子，词好像砖和木头。房子是用砖和木头盖起来的，语言是用词组织起来的。用词要恰当，不要用那些模糊

的词，要用表达意思最准确的词。比如说，这一把茶壶，我说它的形状是圆的。这是不是对呢？不完全对。说圆茶壶就会使人家想到像皮球一样。像皮球一样的茶壶是少见的。

我们讲到的大多是客观的东西。比如这把茶壶，要把它讲清楚，就要用恰当的词。让人家听了，虽然没看见这把茶壶，可是像看见了一样。就是你自己的情感，也可以当作客观的东西，看应该用什么词把它说出来才恰当。比如说，"我非常愉快"。当时的情感确是这样，那么只讲"愉快"就不够，得加个"非常"。又比如说，"我悲哀得很"。当时的情感确是这样，那么只讲"悲哀"就不够，得加个"得很"。把客观的东西和你所用的词对照一下，就能知道用得恰当不恰当。这跟说话写文章的态度有关系。有的人自己心里先有一套程式，例如春景一定是桃红柳绿，而不管那时候的客观情况怎样。应该对准客观的东西说话。你说香山，就把香山说出来。你要写颐和园，就一定不要借北海的光。看清楚什么地方，说什么地方。你要写"五一"、"十一"，你就要到天安门广场去看一下，你当时有什么感觉，有什么感想，就把这些作为客观的东西写出来。

用词恰当怎么来的呢？靠自学，靠查词典。我们从小到大，因为生活经验的扩大，对于一个词的了解会逐渐丰富起来。还有些抽象的词，它的涵义要在生活中去体会。查词典，能帮助我们弄清楚一个词在什么地方可以用，在什么地方不可以用。

现在报纸上和广播里还免不了有念起来不上口、听起来不入

耳的语句。例如"步××的后尘"。这句话没有文言修养的人不了解。放在广播里面讲，有文言修养的人也要想一想才能听出是什么意思。这种文言的词语少说为妙。

方言词最好是不用。方言词很多人不懂得。比如在我们家乡，有一个词叫"日逐"，意思是"每天"，《儒林外史》上用过它。说这种方言的人看了懂，别地人看了就不懂。我们写东西不是专给同乡人看的。

还有一种不好的倾向，是自己造词。说话用词好比用钞票，钞票不能自己造。自己造钞票是犯法的。生造词虽然不犯法，却使人家模糊。我看到过一首诗，里面用了这样一个词——"聊寞"，算是"无聊寂寞"的意思。这样生造词是很不好的。

那么，是不是只能永远使用已有的词呢？不是的。随着语言的发展，要出现越来越多的新词。词是可以造的，但是要看造出来的词起什么作用。用出去之后，大家觉得你这个新造的词有作用，跟着来用，那就通行了。

词是要配搭着使用的。比如，动词跟名词配搭，"打倒敌人"，"克服困难"，"取得胜利"……这些都是两个词配搭起来的，而且都配搭得很恰当。比照着"取得胜利"说"取得失败"，就不行，只能够说"招致失败"。反之，如果说"招致胜利"，也是不行的。现在的报纸、杂志上，人们的口头上，用词配搭不适当的常有。这个毛病必须去掉。

(2) 造句方面

　　造句越自然越好，不要装腔作势，摆出一副架子，用一些不同于平常说话的调子。我们经常受到一些外来的影响，比如从外语中学来了如下的说法：两件事情绝不相同，就说"这件事情与那件事情毫无共同之点"。两件事情关系密切，就说"这件事情跟那件事情是分不开的"。这两个说法汉语里本来没有，采用这两个说法，可以丰富我们的表达方式，当然好。但是，说到两件事情绝不相同，一定要说"毫无共同之点"，说到两件事情关系密切，一定要说"是分不开的"，这就不自然，有的时候不必要这样说。如果说"毫不相同"，说"关系很密切"，就很自然。不要故意这样说表示我能够从外国吸收一些新鲜的说法。新鲜的说法如果用滥了，反而讨厌。比如吃东西，山珍海味吃多了，就觉得厌了，还是青菜豆腐吃不厌。所以，写文章跟平常说话一样，一定要自然。

　　造句要用最妥帖、最恰当的句式和虚词。这在说话和写文章时都很重要。我们的话里有许多没有实际意义的词，比如，"因为""所以""但是"……这些都是虚词，虚词很重要，不能乱用。我们经常听到有些人乱用虚词，像"所以因此"这两个词，只要用一个就够了，但是，把它们连在一起用，几乎成了传染病，好像不这样说就不对似的。

　　怎样注意用虚词呢？就要研究平常说话是怎样说的。假如你的说法跟平常说法不大一致，就有些问题了。平常不说"所以因此"，为什么作报告的时候要说呢？又如"虽然""但是"，

平常说话用得很少，为什么写文章就要用呢？这些问题都需要注意。工人、农民说话，很少用"虽然""但是"之类的词，也能把意思表达得很好。知识分子就要摆出一副架子，左一个"虽然"，右一个"但是"，文章里只看见这些东西。尤其是文艺作品，用了那么多虚词，艺术性至少要减低一半。

文章中多用长句，恐怕也是一个毛病。报纸上短句不常见，长句常见。意思复杂不能断开的，那只好长，有的不必要那样长，就可以分成几句说。我手边没有现成例子，大家有兴趣的话，翻翻报纸，就可以看到许多长句。凡是可以分成几句说的，就不要写成一个长句。

说话有种种格式，如"在……时候""除……以外"，都是格式。长句的长，往往由于运用这些格式拉成的。比如"在……时候"中间加上几十个字，等你从"在"看到"时候"，"在"已经忘了。这说明写文章的人只管自己，不管别人，爱怎么写就怎么写，你要看明白就得自己留心。其实写文章应该为读者着想，碰到这些地方，总要想点办法，使人家不太吃力，更要使人家不发生误会。

现在长句很流行。是不是可以发起一个运动，大家来写短句，说话也说短句。一个长句分成几个短句，看起来，听起来都不费力。这对读者、听者是有好处的。

（3）文风方面

《人民日报》从七月一日起改四版为八版，发表一篇《致读

者》的社论，提出三点。第三点是改进文风。这个号召非常好。我们现在的文风的确需要改进一下。谁来改进呢？凡是开口的、动笔的人都有份。动笔就是开口，是不声不响的开口。

改进文风，起码的是简洁明快。这就是说，去掉那些不需要的部份。我们写文章，重看一遍总要去掉几句，可去掉的总比要增加的多。要写短的文章，用最少的字句表达必须说清楚的意思，不要说废话，不要说晦涩难懂的话。

改进文风还要明晰畅达。文章要有"气"，"气"就是条理。第二句和第一句接起来，一定有必然的道理。第二句是从第一句来的，第三句是从第二句来的。这就叫思路。看人家的文章，把他的思路弄清楚以后，主要的意思也就弄清楚了。

能够引导学生把一篇文章的思路摸清楚，就是最好的语文老师。善于看文章的人一定要把作者的思路摸清楚。

要把作者的思路摸清楚，先要看一句跟一句怎样联系，再来看段，一段跟一段怎样联系，一段一段清楚了，全篇文章也就清楚了。研究人家的文章应当如此。自己写文章，如果思路有条理，第一段有第一段的道理，第二段有第二段的道理，不留没有道理的段落，这就是明晰。每句每段清楚了，意思就畅通了。

新闻工作者应当认识到我们的文风还需要改进。我的话虽然简单，但是心意很诚恳。希望诸位回去，努力提倡改进文风，而且以身作则。

现在讲一讲怎样锻炼自己的语言，怎样提高语言方面的修

养。

首先应当从思想上重视语言工作。很有些人看轻语言，比如有些机关的文件写得不好，却有人说，反正发出去下边总可以看懂。再如开会讨论问题作出决议，主席往往说："今天我们是原则上通过，至于具体说法，请张秘书下去写。"这些都是不重视语言的例证。机关发出文件你随便写写，人家可要照着办事呀。说的糊里糊涂，如果人家理解错了，后果就不堪设想。发出文件，既要政策不错，办法具体，还要说得明白，使人家不会误解，发下去才能贯彻，怎么可以随便写写？比如盖一所什么房子，不能作出"要盖房子"的决议就算，其他都让张秘书去动脑筋。有关盖房子的主要事情全商量好，写下来才是决议。如果什么都叫张秘书去动脑筋，那叫什么集体领导呢？这是最粗浅的道理。从这里也可以看出不重视语言工作跟不重视思想方法大有关系。

新闻工作者要明确认识，我们的武器是语言。我们做工作，非写不可，非讲不可，都离不开语言。有的总编辑、有的社长说，只要内容好，文章可以马虎。这样说是不对的。语言是我们的武器，不能不好好掌握这个武器。

我们要认识语言的重大意义，从思想上重视语言工作。我们做宣传、鼓动、教育、说服的种种工作，完全依靠语言。而且新闻出版工作对语言发展的影响很大。我们出的书，出的报纸，都会影响语言的发展。如果大家在这方面多注意，学校里的语言

教育就会得到极大的帮助，就能不费太大的力量，收到很大的成效。如果我们新闻出版工作者对语言工作不注意，学校里虽然用了很大的力量对下一代进行语言教育，希望他们学好语言，但是他们受到报纸、杂志上不好的影响，语言教育的成效就要大打折扣。

有人说，只要内容好，语言好不好没有关系。这个观点是错误的。要知道，内容跟形式是分不开的，哪里有形式上乱七八糟的好内容呢？反过来说，有了好的内容必须用好的形式才能表达出来。

其次，在日常工作中要多揣摩，多研究，多修改。

多揣摩，就是看东西多留心。留心的时间长了，就养成敏感，一看就能发现毛病。报纸上的大标题，出毛病的常有。这些毛病，如果不留心，随便看看也就过去了，一揣摩就会看出来。

看人家的文章要多研究。文章好，要研究好在什么地方。发现错误，要研究错误是从什么地方来的，应该怎么改。

自己写文章，要多修改。我不知道你们的情况怎么样，是不是稿子写好了就送到排字房？我是无论怎样忙，稿子写好了之后，都要看过几遍才送到排字房的。

修改文章，可以用自己说话的调子来念。自己的嘴代表一个人，耳朵代表另外一个人，好像这个人说给那个人听一样。用耳朵听，比光凭眼睛看能多看出一些毛病，多发现一些问题。要改到没有办法再改，然后送到排字房去。

在我们出版社里，有些稿子是集体改的。起稿人写成稿子，打印出来，发给好些人先看，然后大家在一起，念一段改一段。这样修改，当然比自己修改好。这个办法，诸位可以试一下。不过报馆里如果这样做，第二天恐怕出不出报了。

听人家的讲话，看人家的文章，多揣摩，多研究。好在什么地方？为什么好？不好在什么地方？为什么不好？我们要独立思考，不要人家说好就跟着说好，人家说不好就跟着说不好。自己写文章，要尽力地改，要勤改，能改多少就改多少，不要写好了就拿出去，免得印出来了后悔。

到这里就讲完了。我讲了三个小时，如果有三十分钟或者十五分钟讲的话对诸位有一些帮助，我就很荣幸了。

看《文艺报》第七期江华先生的一篇《要努力驱逐使人糊涂的词汇》，觉得很有意思。他随便在近来的诗篇中找了些例子，像：

　　"驱迫着我们走上共同的命运"
　　"当下工的汽笛鸣过"
　　"没有一滴水，而要讨喝别人的尿便"
　　"城楼和屋脊都被树条拍抚着"

指出作者运用"驱迫""鸣过""尿便""拍抚"这些词汇，暴露了他们在语言学习的努力中还有缺憾。他的解释可以说是平情之论，"并不完全是诗人本身的糊涂，这实在也是中国文学语言发展时期的过渡现象"。最后他表示愿望："要求诗人们作家们自觉地主动地缩短自己在语言学习上的'过渡'。努力从活人的嘴上，采用与洗炼有生命的词汇！放弃这些使人糊涂的语言，努力驱逐这样的词汇！"

＊ 原载一九五〇年一月四日《人民日报》第六版。

看完这一篇，头一个想到的是使人糊涂的词汇不但诗里有，不但文艺作品里有，几乎到处都有，有文字的处所都有。可惜平时没有随手摘录的习惯，不然至少一抄就是百来个。所谓过渡时期也不算短了，"五四"已经做过了三十周年，可是还有这样的现象，该怪咱们拿笔杆儿的始终没能够"自觉地主动地缩短自己在语言学习上的'过渡'"。

第二个想到的，不但词汇吧，语法跟修辞式恐怕也有问题。就像"当下工的汽笛鸣过"的"当"，文言里是常用的（"当尧之时""当其壮年"）。现在文章里也常用，不过是从翻译文字来的，翻译家把"When"翻成"当"。一般的语言决不说这个"当"，除了有意无意沾染了书本子上的语法的。还有，像江华先生文章里的"采用与洗炼有生命的词汇"，两个动词用个连词连起来，贯到目的格的名词，这样的语法现在很流行了，文件上可以见到，集会上可以听到。这是从书本子来的，书本子又是从翻译西洋语文或者仿效西洋语文来的，我国一般的语言没有这样的语法。我是这么想，古来的外来的语法都不妨采用，采用了才可以丰富咱们的语言。不过有条件，一要弥补咱们原来语法的缺陷；二要行得开，约定俗成，大家采用。像"当……"以及两个并列的动词下面贯到目的格的语法，是不是丰富了咱们的语言，咱们原来的语法是不是没有办法表现相同的意念，都是可以讨论的。至于行得开行不开，得过一些时候再看，在文件上集会上流行未必能算数，要在大多数人的嘴上生根才真是行开了。

　　再说修辞式。咱们常看见"义愤填膺"，通电里用，报道文章里也用。去年十月一日中华人民共和国成立，最近斯大林元帅七十大寿，咱们在各色各样的文章里看见了"欢欣若狂"之类的语句。我不赞成运用这种语句，第一因为是文言，一般的语言里不说。第二，尤其重要的，这种说法已经不生效果。你说"义愤填膺"，人家没法理会你那"义愤"强烈到什么程度，你说"欢欣若狂"，人家也不过知道你在那里欢喜罢了。如果从活的语言里去找，效果强的多的是，毛病就在不去找，不去学习。

为什么搀用文言成份？原由很多。咱们读过文言。咱们没有学好语言。咱们感觉现代口语贫乏，好像不够用。咱们分不清文言跟现代口语的界限。还有其他。

可是一般的读者未必全读过文言。他们的语言训练也许比咱们好，说来又纯粹，又不感觉贫乏。凭他们的语言习惯看咱们的夹七夹八的东西，即使不至于不能了解，至少感觉不怎么亲切。

还有，现在报上的材料有很多要从电台广播出去，要在读报小组里由一个人念给大家听。为了照顾听众，第一要避免罗嗦的繁复的语句，第二要尽量少用文言成份。像近来差不多每天可以看见的"日趋好转"，一个"日"一个"趋"就是文言成份；还有，近来天天可以看见用作连词的"则"字，这是从文言来的，必须熟习文言的语调才能了解。对于这些，咱们自己是太熟悉了，可是能够保证听的人听得明白吗？（如果用拼音文字来写，这

谈搀用文言成份*

　　＊　原载一九五〇年七月五日《人民日报》副刊《新闻工作》（双周刊）第十四期。

些成份过了一天半天，连作者自己也要认不清了。）

现在举一些例子在后面，请读者从看下去听下去两方面想：看下去是不是有点异样？听下去是不是有点不顺耳？

（一）经过反复宣传，与中共支部党员、各行业能手的带动…… ——四月五日第二版《宁宝重灾区战胜冬荒》

（二）该市行将有三十四万多失业工人参加浚河……——六月十九日第二版《各地人民政府和工会组织用多种方式救济失业工人》

（三）此次各公营企业税收计划之所以能按期如数完成——四月八日第二版《张市公营企业完成纳税》

（四）比较适当的方法是编制一定范围的统一价格标准材料，或由一定部门统一作价，才能减少偏差、避免过分悬殊——六月四日第二版《东北清理资产的几点经验》

（五）这里林立着一座座的工厂——四月八日第三版《渤海区劳动教育所访问记》

（六）劳动保护规程和制度的制订和执行，也是非常不力的——四月九日第二版《东北公营企业实行劳动保护，五十五万职工福利改进》

（七）去年南距该村五里的莫台寺村群众——四月十日第六版《荒山变成了松山》

（八）这就充分的表现了这些同志对于运用批评与自我

批评的武器改正工作缺点的重视之不足——四月十日第一版《东北人民政府监察委员会处理密山县拆房事件》

（九）说明该厂领导干部力图跳出事务主义圈子——四月二十日第一版《石景山钢铁厂……普遍开展民主管理运动》

（十）但与现在的记录比较，依然是逊色的——四月二十日第二版《恢复中的广东糖业》

（十一）有数种商品的价格儿与产区持平——六月十一日第一版《物价由落转趋平稳，武汉市场情况好转》

（十二）还有少数工厂则偷工减料牟取非法利润——六月十九日第三版《工业局指导私营机器铁工业成立加工订货管委会筹备会》

例子是很多的，节省篇幅，不能多抄。就前面的例子来看，这些语句里的文言成份个个都有口语的说法，并不是口语贫乏，非借文言的光不可。或者以为用文言可以经济些，说口语必然说得多。我说经济是要讲的，可是应该就通篇讲，就一段一段讲，单在一句里打算少写几个字，那是讲不好的。还有，为什么这一部份用文言，那一部份又不用呢？这是答不上来的。说到这儿，可以说随便用些个文言成份也是一种自由主义——不照顾看的人听的人，自己爱怎么写就怎么写。我想劝朋友们改变这种自由主义，咱们只要记住一句话：为看的人听的人着想。

随便用文言又不熟习文言的规律，有时就不免发生错误。举两个错误的例子在这儿。

（十三）岛中部为五指山脉所分布——四月二十一日第一版《海南岛介绍》

"……为……所……"，"为"字前头的部份必然是"所"字底下的动词的对象。譬如一句文言说"敌军为我军所歼"，"敌军"是"歼"的对象。"分布"是个自动词，"岛中部"不是它的对象，所以这一句话是不能采用"……为……所……"的形式的，应该说"五指山脉分布于岛中部"（还是文言）。

（十四）我中央人民政府外交部周恩来部长，于十九日致电盟国对日管制委员会主席赛鲍尔，通知其国民党反动派残馀集团的所谓"代表"没有参加对日管制委员会的资格，必须将他们从该委员会的各项机构和会议中驱逐出去，同时通知其我中央人民政府已任命周士第将军为出席该委员会中国代表团团长。——六月二十日第四版《我周外长电盟国对日管委会要求驱逐蒋匪帮"代表"》

这两个"其"是用错的。历来的习惯，"其"不作单纯的受格用，这儿却作单纯的受格用了。"其"作受格用有个条件：对于

底下的动词它又是主格，它一身充两役。例如，文言说："嘱其以时赴会。""其"是嘱的对象，对于"嘱"是受格，同时，"其"又是"赴会"的主体，对于"赴会"是主格。（十四）例两个"其"字底下的话跟"以时赴会"完全不相类。照文言惯例，这两处也不需用代名词，把"其"换成"以"，作"通知以……"就成了。如果干脆说口语，当然不妨说"通知他……"。

先举几个例子。

（一）为了配合中华全国民主妇女联合会在三月十三日《人民日报》发布给全体女干部学习三月八日新华社社论《学会本领，做好工作》的通告，该刊本期特意选辑了几个报纸与个人有关目前妇女工作及思想问题的文章。——四月九日第六版《介绍〈新中国妇女〉第九期》

（二）为使这一运动达到发挥各种组织机构及各级工作人员的积极性创造性，提高工作效率和节省爱护国家资财，适应和推进东北大规模的经济建设的目的，东北首届人民代表会议、东北人民政府、中共中央东北局曾先后作出关于在东北各机关部门实行整编的决议。（原文到这里全句还没有完，"决议"之

　　＊　原载一九五〇年六月七日《人民日报》副刊《新闻工作》（双周刊）第十二期。文中的例句及《多说和少说》、《谈摔用文言成份》中的例句，都见《人民日报》。

拆开来说

＊

63

下用个分号，以下还有一百一十几字才是个句号。实在太繁复了。为了便于讨论，姑且在这里断句。）——四月八日第一版《减少国家开支，提高工作效率，东北区进一步贯彻整编》

（三）据上海《解放日报》、《新闻日报》讯：上海市私营棉纺、丝织、染织、帆布等轻工业，由于国营花纱布、蚕丝、贸易信托等公司，本公私兼顾原则，积极以代纺、代织、代染及订货等方式，大力加以扶植，和在各该厂劳资双方开诚协商、克服困难的情况下，生产已得以逐步恢复和趋向好转。——五月三十日第一版《国营企业大力扶植，劳资双方开诚协商，上海棉纺等业趋向好转》

要多尽可以多，就这三个例子也够了。这三个例子大体上没有想错说错，可是这么样的复句叫读者读下去感觉费力，必须一点儿不放松，或者回上去重读一遍，才可以明确地了解。如果念给人家听，或者在电台上广播，听的人没有从容剖析的时间，就未必能够不折不扣地了解。咱们写东西，第一固然要想得正确，说得正确。第二，还得为读者着想，尽量给读者方便，写得能让读者一下就了解。我要提出这三句复句来说，就为的这第二层。

这三句复句是同类的，都是叙述一种情况，连带说明它的目的或者原因。在（一）例，"该刊本期""选辑了"一些"文章"；在（二）例，"东北首届人民代表会议"等"作出"了

"决议";在(三)例,"上海市私营……轻工业"的"生产已""恢复和""好转":这些个是情况。"为了配合……的通告"共五十五个字是(一)例情况的目的;"为使这一运动……的目的"共六十三个字是(二)例情况的目的;"由于国营……的情况下"共六十五个字是(三)例情况的原因。

三个说明目的或者原因的语句里头,(一)例的最简单。只因为加在"通告"前头的形容语"中华全国民主妇女……'学会本领做好工作'的"有四十九个字之多,才觉得看起来费力,听起来麻烦。

(二)例的可就复杂了。总的目的是"为使这一运动达到……目的"。要达到什么目的呢?咱们就字面上看,"发挥各种组织机构及各级工作人员的积极性创造性",这是把"各种组织机构"跟"各级工作人员"合并起来说的,该算两个目的。"提高工作效率"是第三个目的。"节省爱护国家资财"又是两个目的,因为"节省"跟"爱护"是两回事(写在纸面上,中间至少得加个尖点儿)。末了"适应和推进东北大规模的经济建设","适应……"是第六个目的,"推进……"是第七个目的。但是就意义上想,以上的分析太机械了,咱们不能够见一个动词就认为一个目的。实际上恐怕只有"适应……"跟"推进……"两个目的:"发挥各种组织机构及各级工作人员的积极性创造性"是"提高"他们的"工作效率"的途径,也是叫他们做到"节省爱护国家资财"的途径;"提高工作效率"跟"节省

爱护国家资财"又是"适应……"跟"推进……"的途径。但是咱们只能这样猜测，可不能断定准是作者的原意，因为文字并没有把这一串的关系表达清楚。

（三）例说明原因的语句分两部份，也就是两个原因，用一个"和"连起来。前一部份是"由于国营花纱布……加以扶植"，后一部份是"在各该厂……的情况下"。前一部份里头又包含两个语句，说明怎样"加以扶植"，就是"本公私兼顾原则"跟"积极以代纺……等方式"。像这样复杂的组织，咱们必须直读到"逐步恢复和趋向好转"，才知道"上海市私营……轻工业"现在怎么样了，未免隔得远一点。还有，无论咱们自己读或者听人家念，到"和在各该厂"的地方总不免感觉别扭，仿佛话岔开去了。必须再一细想，才知道这是说的跟"由于国营花纱布……加以扶植"并列的第二个原因。

有人要问：写东西要为读者着想是不错的；像（二）（三）两个例子，目的跟原因就有那么些，难道为了照顾读者，就得牺牲全部或者一部份吗？

我预备这么样回答：必须说的非说不可，一点儿也不能牺牲。不过要让读者少费些心思，一下就了解，应该设法少说太繁复的句子。觉得某一句句子头绪纷繁，不妨把它拆成几句来说。

现在试把（一）（三）两个例子拆开来说，请比较读下去是不是可以少费些心思。（二）例作者的原意究竟怎样不能断定，只好不改算了。

（一）中华全国民主妇女联合会在三月十三日的《人民日报》上给全体女干部发布了一个通告，要她们学习三月八日新华社的社论《学会本领，做好工作》。该刊本期配合着这个通告，特地选辑了几家报社写的和一些个人写的有关妇女工作和思想问题的文章。

（三）据上海《解放日报》、《新闻日报》消息：上海市私营棉纺、丝织、染织、帆布等轻工业的生产已逐步恢复，趋向好转。这有两个原因。第一，因为国营花纱布、蚕丝、贸易信托等公司本着公私兼顾的原则，用代纺、代织、代染及订货等方式，积极地扶植那些厂家。第二，因为那些厂家劳资双方能够开诚协商，克服困难。

两个例子拆开来说，字数都比原来多。可是，如果能让读者少费些心思，一下就了解，多写一些也是值得的。除了拆开来说以外，文字也有些改动，并不全照原文；这也为的说得更清楚些。

复句里头叙明时间的，通常用"在……时""在……之后"等方式；限定范围的，通常用"对于……""除……外"等方式；点清条件的，通常用"在……下""就……说"等方式。使用这些方式也往往搞得很繁复，"在"字之后隔开三四十个字才来个"时"字，"除"字之后隔开四五十个字才来个"外"字。这都使读者感觉费力。如果读者不小心把"时"字"外"字

滑过，全句的意思就认不准了。凭耳朵听尤其危险，"时"跟"外"都是单音词，很容易滑过的。

我写这篇小东西，想向朋友们提议：复句里头，目的、原因、时间、范围、条件等等的部份如果太繁复了，最好拆开来说，把复句化作几个单句。这是给读者方便，也可以使咱们的意思直捷地传达给读者。

　　说一个意思，说得罗嗦些好呢，还是说得简捷些好？为听的人方便（说换成写，为看的人方便），当然说得简捷些好，只要传达了那个意思，不至于叫人家误会。而且简捷的话必然干净利落，这不单是说话方面的好处，也是思路方面的好处。如果不能够简捷，那就是多说，说了不必说的。夸张些把花钱来打比，那就是浪费。

　　先举些多说的例子，把我的意思说一说。抱歉的是手头虽然有不少的例子，可没有工夫分类研究，提出典型来。

　　（一）并不是说，东北区的财政已经是一帆风顺，……困难依然是很大的，还需要继续进行不懈的努力才能克服。——五月九日第二版《生产建设性的东北财政》

　　（二）工会、劳动局、工商局等联合组成的领导机构，事先向劳资双方进行解释政策并

----

　　*　原载一九五〇年六月二十一日《人民日报》副刊《新闻工作》（双周刊）第十三期。

发动双方充分酝酿，并领导制定集体合同。——五月八日第一版《华北若干中小城市行业，广泛签订劳资集体合同》

（三）这样黑暗腐朽的封建主义的婚姻制度如不彻底废除，……则男女平等的口号和民主自由的社会生活是不可能实现的，广大妇女群众的劳动积极性的发扬是不可能实现的。——四月十六日第一版社论《实行新民主主义的婚姻制度》

（四）近因我们营业不振，对电话费无力负担，决定将电话机拆除，……——四月七日第六版《电话拆机如何收费》

（五）电车公司一切开支，依赖票款收入来维持，所以不能允许无票乘车的情况，以免影响收入，使人民财富遭到损失，……——四月十六日第六版《荣誉军人乘电车也要买足票》

（六）在这种情况下，如果有投机家敢于冒险，与人民为敌，他就只有等着破产的命运。——六月十一日第一版社论《为物价完全稳定而努力》

（七）该县供销社……曾协同专区供销总社打通与东北的销路。——五月十日第一版《滦南县供销社广泛订立纺织合同，支持灾民春耕播种》

（八）申新纺织事业经营三十多年。……由于过去机构庞大，人事复杂，组织散漫，都成为今天困难的包袱。——

五月十二日第一版《沪申新系七纱厂合组新机构》

（九）所以需要宣传物价必须稳定的观点，还因为当人民政府正在设法减轻人民的负担，向工业家和农民实行订货和收购产品，并救济失业者和灾民的时候，有些投机家又在恶意地散布物价将从新高涨的幻想。但是这些幻想是要落空的，因为人民政府的这一切措施，仍然是以保持物价稳定为界限的。——六月十一日第一版社论《为物价完全稳定而努力》

（一）（二）两例可以一起说。我以为两个"进行"是多说的。在（一）说"还需要不懈的努力"（连"继续"也可以省），在（二）说"向劳资双方解释政策"，就够明白了。说"不懈的努力"已经包含"继续进行"在里头。"解释政策"是做一种行动，既然在做，也就是"进行"了，不必重复说了。把"解释政策"认为一件工作（就是把它看成名词），上头再加上个动词"进行"，这样的说法未免弯曲、累赘。

在（三）例，我要说的是"劳动积极性的发扬是不可能实现的"。这样的说法弯曲些，累赘些，不如说成"劳动积极性是不可能发扬的"来得简捷。"劳动积极性不可能发扬"就是"劳动积极性的发扬不可能实现"，既然"不可能发扬"，"发扬不可能实现"已经包含在里头了。

（四）例的"对电话费无力负担"也是弯曲的累赘的说法，

说"无力负担电话费"多简捷。

（五）（六）两例可以一起说。说"不能允许无票乘车"，"他就只有等着破产"，够明白了，而且切实。加上个"的情况""的命运"，反而把切实性减轻了，因为"情况"跟"命运"都是抽象性的。

（七）例多说了个"与"。如果重说一遍，多想一想，决不会说这个"与"。

在（八）例里，"机构庞大""人事复杂""组织散漫"是申新原有的情况。是情况，才会"成为今天的包袱"（"包袱"是比喻说法，不用比喻，就是"受累的负担"）。照原文，"由于过去……组织散漫"是个表明原因的说法。原因表明了，什么东西"都成为今天的包袱"呢？可没有着落。推究到这儿，就知道原来是多说了个"由于"。去掉"由于"，就切合作者要说的意思了。还有"包袱"这个比喻说法，现在大家都了解它的含义，无须形容。给形容上个"困难"倒有些别扭了，因为单说"困难"并不等于"难以负担"。这个"困难"大可以不要。

（九）例里我要说的是"但是这些幻想是要落空的"。幻想还有能够实现的吗？说投机家的幻想要落空，底下又给说明原因，原因在人民政府的措施"仍然以保持物价稳定为界限"。好像如果没有这个原因，投机家的幻想也许能够实现似的。其实"要落空"的意思已经包含在"幻想"本身里头，不必多说了。（末了"界限"也有问题，因为不属于"多说"的范围，不谈

了）

多说的反面是少说。少说当然不能把意思说清楚。夸张些把花钱来打比，那就是吝啬——当用不用。现在也随便举些例子来谈谈：

（十）棉花、百货等商品价格，则逐渐达到产、销区间应有的合理差额。——六月十一日第一版《物价由落转趋平稳，武汉市场情况好转》

（十一）根据武汉市工商局的统计：四月份全市工商业申请停、歇业与申请开业两者约为七与一之比。——同上

（十二）在提问题中，有些单位也曾表现了认为税收是件麻烦事……等错误思想。但这些问题经充分酝酿、组织学习、讨论终于得到解决。——四月八日第二版《张市公营企业完成纳税》

（十三）我保证把妇女组织起来，并发动妇女动员男子参加挖河。——五月十日第一版《宁河妇女下地生产，解决了春耕与河工的矛盾》

（十四）为了提高学习效果，……许多机关学校采取了自上而下的领导重视和自下而上的学习自觉相结合的方法。——五月十日第三版《平原六千干部补习文化》

（十五）由于支部注意了健全党内组织生活，加强支部教育，并得到县区领导的直接帮助，因之能够团结全村农

民，结合改良技术巩固互助组织，为广大劳动群众指出了劳动互助，生产致富的道路。——四月二十二日第三版《改良技术，巩固互助，山西榆社大寨村支部领导生产经验》

（十六）因此，在残馀土匪可能进行破坏扰乱地区，一切人民武装均应……严密注意隐蔽敌人的一切破坏活动——六月二日第一版社论《全力领导夏收夏播》

（十）（十一）两例同样的少说了一点儿。就是"产、销区""停、歇业"都没有说够。这不能拿"产销合作社""进出口生意"来比拟。"产销合作社"是一个合作社，干生产又干销售，"进出口生意"是一行生意，做进口又做出口。"产、销区"可硬是两个区域——"产区"跟"销区"，"停、歇业"可硬是两回事情——"停业"跟"歇业"，不能够合并起来说。或者有人要说："你没见有个尖点儿在那里吗？用上个尖点儿，就表示'产''销'共同贯到'区'，'停''歇'共同贯到'业'。"这个道理我当然明白。可是我要问：如果念给人家听，这些个尖点儿怎么念出来？还有，为什么一定要省说一个"区"一个"业"呢？（十）例的标题里的"由落"也说少了，无论念起来看起来，总要叫你一愣。

（十二）例里的"酝酿、组织学习、讨论"也是利用尖点儿省说话。如果念出来，人家只听见一连串的双音词——"酝酿""组织""学习""讨论"，搞不清作者的原意。咱们凭两

个尖点儿来揣摩，才知道"酝酿"跟"组织"是两回事，"学习"跟"讨论"又是关合"酝酿"跟"组织"的两回事，二二得四，这里头实际说了四回事，就是"酝酿学习""酝酿讨论""组织学习""组织讨论"。且不说听不清楚，单说看，必须揣摩一会才了解，也太难了。我要劝大家不要这么办（现在很有人喜欢这么办）。这不是简捷，简直是只顾自己，不顾别人。可是说话写文章是决不能只顾自己，不顾别人的。

在（十三）例里，参加挖河的是妇女跟男子呢，还是只有男子？"发动"跟"动员"意思差不多，骤然一看，这句话很可以了解成号召妇女跟男子一同去参加挖河。幸而有个标题在，咱们看了标题（当然还有上文），知道妇女"下地生产"去了，挖河的只有男子。因此断定这句话实在是"'发动妇女'去'动员男子参加挖河'"。说起来有个"去"，这个"去"表明了关系。如果写下来也保留这个"去"，就不至于叫人疑惑了。

在（十四）例里，我要说的是"领导重视"跟"学习自觉"。"领导"就是领导干部、领导人物，现在很通行的了。"重视"什么？重视下级干部跟学生的学习。所以加上个"自上而下"，一点没有错。底下的话是跟这个对称的。用对称的看法看，上头的"领导"既然指领导干部、领导人物，底下的"学习"也该指参加学习的下级干部跟学生。可是这样的指称方法现在并没有通行，恐怕将来也不会通行。所以"学习自觉"是少说了话，为了硬要跟上头对称，没有把意思说清楚。至于"自下而

上"又是多说的例子。下级干部跟学生自觉的乐意学习，怎么说"自下而上"呢？这是难以想通的。

（十五）例里的"结合改良技术巩固互助组织"又是一连串的双音词，跟（十二）例相同。这个话硬把表明关系的词省去了，跟（十三）例相同。改作"把改良技术和巩固互助组织结合起来"，就清楚了。再说这个例子的标题。明明是"巩固互助组织"，可是标题把"组织"省去了。"互助"跟"互助组织"不同，不能随便。为了形式的对称牺牲内容，无论说话写文章，都是不应该的。

末了一个例子也因为少说了一个表明关系的词，"隐蔽"的作用就不明确，可以把它看成个形容词，也可以把它看成个动词。如果把它看成个动词，毛病可大了，正好把原意了解得相反。事实上自然不至于了解得相反的。可是，为说得清楚起见，为什么不按照咱们说话的习惯，说成"隐蔽'的'敌人"，把"隐蔽"确定作形容词呢？

今年《新少年杂志》创刊，朋友们建议应该有这么一栏，选一些好文章给少年们读。这件事由我担任下来，按期选录一篇文章，加上一些谈话，栏名叫做《文章展览》。现在把这些文章选录二十四篇，集成这本书，书名叫做《文章例话》。为了切近读者的意趣，我只选现代人的文章。所选文章有些是文艺作品，也把它们当作普通文章，就普通文章的道理来谈。

文章不是茶余饭后作为消遣写成的，也不是怕人家认为不会写文章，不得不找几句话来说说，勉勉强强写成的。凡是好文章必然有不得不写的缘故。自己有了一种经验，一种意思，觉得它和寻常的经验、寻常的意思不同，或者比较新鲜，或者特别深切，值得写下来，作为生活的标记，备将来需用的时候查考。这才提起笔来写文章。这些经验和意思，有的必须向自己心目中的一些人倾诉。这才也提起笔来写文章。前者为的是自己，后者为的是

---

* 原载作者著的《文章例话》，开明书店一九三七年二月出版。

他人，总之都不是无所为的笔墨游戏。

学校中有作文的科目。学生本来不想写什么文章，先生出了题目，学生就得写。既然没有不得不写的缘故，那就似乎近于无所为的笔墨游戏了。但是，学校中作文为的是练习写作，练习就不得不故意找一些题目来写，好比算术科为了练习计算，必须做一些应用题目一样。善于教导学生的先生无不深知学生的底细，他出的题目往往在学生经验和意思的范围以内。学生本来不想写什么文章，可是经他一提醒，觉得大有可写了。这就和其他作者的写作过程没有什么两样，也为着有得写，需要写，才翻开他的作文簿来。

以上的意思为什么必须明白呢？因为这是一种正确的写作态度。抱着这种写作态度就能够辨别什么材料值得一写，什么材料不必徒费笔墨，还能够辨别人家的文章，哪些是合于这种写作态度的，值得阅读，哪些相去很远，不妨搁在一旁。

写文章不是什么神秘的事，艰难的事。文章的材料是经验和意思，文章的根据是语言。只要有经验和意思，只要会说话加上会识字写字，就能够写文章了。这不是寻常不过容易不过的事情吗？所谓好的文章，也不过材料选得精当一点，话说得周密一点罢了。如果单为着要写好文章而去求经验和意思的精当，语言的周密，那就是本末倒置。但是一个人在实际生活中，本来就该求经验和意思的精当，语言的周密。这为的并不是写文章，为的是生活。生活中有这样修养的人往往会觉得有许多文章要写，而写

出来的往往是好文章。生活就如泉源，文章犹如溪水，泉源丰盈而不枯竭，溪水自然活泼泼地流个不歇。

从前以为写文章是几个读书人特有的技能，那技能奥妙难知，几乎同于方士的画符念咒。这种见解必须打破。现在我们要相信，不论什么人都可以写文章。车间里的工人可以写文章，田亩中的农人可以写文章，乃至店铺里的店员，码头上的搬运工，都可以写文章，因为他们各有各的生活。写文章不是生活上的一种点缀，一种装饰，而就是生活的本身。一般人都要认识文字，练习写作，并不是为着给自己捐上一个"读书人"或者"文学家"的头衔，而是使自己的生活更见丰富，更见充实。能写文章算不得什么可以夸耀的事，不能写文章却是一种缺陷，这种缺陷同哑巴差不多，对生活有相当大的坏影响。

以上的意思为什么必须明白呢？因为这是对于写作训练的一种正确的认识。有了这种认识才可以充分利用写作这一项技能，而不至于做文章的奴隶，为写文章而写文章，或者把文章看得高不可攀，不敢接近。

这本书选录的文章可以作为上面的话的例证。第一，它们都不是无聊消遣的游戏笔墨，内容各有值得一写的价值。第二，它们都不是幻术那样的把戏，内容都是作者生活的泉源里的一股溪水，流出来那样的自然。我并不说它们以外再没有好文章，我只想拿它们做例子，给读者看看，这样的文章就是好文章。要写出好文章，决不是铺开一张纸，拿起一枝笔，硬想一阵所能办到

的。读了这些篇，至少可以领悟这个道理。

我在每篇之后加上的谈话，内容并不一致。有时候指出这篇文章的好处，有时候说明这类文章的作法，有时候就全篇文章来说，有时候只说到中间的一部份。读者看了这些话，犹如听了国语教师讲解一篇文章之后，再来一个概要的总述。以后，自己读其他文章，眼光就会比较明亮，比较敏锐，不待别人指说就能够把好处和作法等等看出来。如果有不妥当不合法度的地方，也能够看出来，不轻轻滑过。这既有益于眼光，也有益于手腕。自己写作，什么道路应该遵从，什么毛病应该避免，大致也就有数了。总之，我写这本书的意思和国语教师所怀的志愿一样，希望对读者的阅读和写作有一点帮助。

末了还得说明，阅读和写作都是一种行为，凡是行为必须养成习惯才行。譬如坐得正，立得正，从生理学看来，是有益于健康的。但是决不能到了要做要立的时候再来想坐立的姿势应该怎样。必须养成坐得正立得正的习惯，连生理学什么的也决不想起，这才可以终身受用。阅读和写作也是这样。临时搬出一些知识来，阅读应该怎样，写作应该怎样，岂不要把整个儿的兴致分裂得支离破碎了吗？所以阅读和写作的知识必须化为技能，养成习惯，必须在不知不觉之间受用着它，才是真正的受用。读者看这本书，请不要忘记这一句：养成习惯。

一九三六年十二月二十日

……她们正式的名称却是"包身工"。她们的身体，已经以一种奇妙的方式，包给了叫做"带工"的老板。每年——特别是水灾旱灾的时候，这些在东洋厂里有"脚路"的带工，就亲身或者派人到他们家乡或者灾荒区域，用他们多年熟练了的、可以将一根稻草讲成金条的嘴巴，去游说那些无力"饲养"可又不忍让他们的儿女饿死的同乡。

"还用说，住的是洋式的公司房子，吃的是鱼肉荤腥，一个月休息两天，咱们带着到马路上去玩玩，嘿，几十层楼的高房子，两层楼的汽车，各种各样，好看好玩的外国东西，老乡！人生一世，你也得去见识一下啊。

"做满三年，以后赚的钱就归你啦，块把钱一天的工钱，嘿，别人跟我叩了头也不替她写进去！咱们是同乡，有交情。

"交给我带去，有什么三差二错，我还能归家乡吗？"

---

* 原载作者著的《文章例话》，开明书店一九三七年二月出版。

　　这样说着，咬着草根树皮的女孩子可不必说，就是她们的父母也会怨恨自己没有跟去享福的福份了。于是，在预备好了的"包身契"上画上一个十字，包身费一般是大洋二十元，期限三年，三年之内，由带工的供给住食，介绍工作，赚钱归带工者收用，生死疾病，一听天命，先付包洋十元，人银两交，"恐后无凭，立此包身契据是实"！

　　……十一年前内外棉的顾正红事件，尤其是五年前的"一二八"战争之后，东洋厂家对于这种特殊的廉价"机器"的需要突然增加起来。据说，这是一种极合经营原则和经济原则的方法。有括弧的机器，终究还是血和肉构成起来的人类。所以当他们忍耐到超过了最大限度的时候，他们往往会很自然地想起一种久已遗忘了的人类所该有的力量。有时候，愚蠢的"奴隶"会理会到一束箭折不断的理论，再消极一点他们也还可以拼着饿死不干。此外，产业工人的"流动性"，这是近代工业经营最嫌恶的条件；但是，他们是决不肯追寻造成"流动性"的根源的。一个有殖民地人事经验的自称是"温情主义者"的日本人在一本著作的序文上说："在这次争议（五卅）里面，警察力没有任何的威权。在民众的结合力前面，什么权力都是不中用了！"可是，结论呢？用温情主义吗？不，不！他们所采用的，只是用廉价而没有"结合力"的"包身工"来替代"外头工人"（普通的自由劳动者）的方法。

第一，包身工的身体是属于带工的老板的，所以她们根本就没有"做"或者"不做"的自由，她们每天的工资就是老板的利润，所以即使在生病的时候，老板也会很可靠地替厂家服务，用拳头、棍子，或者冷水来强制她们去做工。……

第二，包身工都是新从乡下出来，而且她们大半都是老板的乡邻，这一点，在"管理"上是极有利的条件。厂家除出在工房周围造一条围墙，门房里置一个请愿警，和门外钉一块"工房重地，闲人莫入"的木牌，使这些"乡下小姑娘"和别的世界隔绝之外，将管理权完全交给了带工的老板。这样，早晨五点钟由打杂的或者老板自己送进工厂，晚上六点钟接领回来，她们就永没有和"外头人"接触的机会。所以，包身工是一种"罐装的劳动力"，可以"安全地"保藏，自由地取用，绝没有因为和空气接触而起变化的危险。

第三，那当然是工价的低廉。包身工由"带工"带进厂里，于是她们的集合名词又变了，在厂方，她们叫做"试验工"和"养成工"两种，试验工的期间表示了厂家在试验你有没有工作的能力，养成工的期间那就表示了准备将一个"生手"养成为一个"熟手"。最初的工钱是每天十二小时大洋一角乃至一角五分，最初的工作范围是不需要任何技术的扫地、开花衣、扛原棉、松花衣之类，几个礼拜之后就调

83

到钢丝车间、条子间、粗纱间去工作。在这种工厂所有者的本国，拆包间、弹花间、钢丝车间的工作，通例是男工做的，可是在上海，他们就不必顾虑到"社会的纠缠"和"官厅的监督"，就将这种不是女性所能担任的工作，加到工资不及男工三分之一的包身工们身上去了。

……

这次选读的这篇文章见于《光明》的创刊号。全文很长，只能摘取一部份。这一部份也可以自成起讫，不妨看做独立的一篇。读者诸君要看全文，可以去找《光明》。

这一类文章，大家称为"报告文学"。这是一个外来的名词。意思是说它的作用在向大众报告一些什么，而它的本身又是文学。报告一些什么的文章，我们见得很多。开工厂，设公司，就有营业报告书；派人员，办调查，就有调查报告书。这种文章，就文体说，归到"应用文"的门类里去。应用文当中，有好些纯公式的东西，如契据、公函、报告书之类，和文学根本是两路。然而报告文学却教报告书和文学结了婚。应用文的报告书，一般读者往往懒得看下去，因为不看下去也会知道无非这一套。报告文学可不然，读者像被吸引住了一般，总想一直看下去，知道它的究竟。读者诸君看见了《包身工》的题目，不是绝不肯把它放过，一定要知道这是怎样的一种工人，以及这种工人在怎样的条件下产生出来的吗？

二者所以有这样的不同，大概由于写作动机的不同。

应用文的报告书，写作动机在应付事务上的必需。开股东会必得有营业报告书，出去调查回来必得有调查报告书。这样的报告书往往用公式去应付，或者分列一、二、三、四等项目，或者定下"关于什么""关于什么"等小标题，好比填写表格，只要在每一格里填写上了就完事。

报告文学的写作动机不同，不是事务上的应付。作者对于社会中某一方面的情形非常熟悉，而这一方面的情形不只是几个人的身边琐事，而是有关于社会全体的大事。一种强烈的欲望激动着他，必须把他所熟悉的一五一十告诉大众才行，不然就像在饥饿的人群中间私自藏下多余的饭，是不可饶恕的自私的行为。于是他提起笔来。他站在大众的客观的立场，视野广大，见得周到，捕捉到的都是真实情况。

报告文学本身是文学，而应用文的报告书不是。像在这篇《包身工》里面，叙述那些"带工"到家乡或者灾荒区域去游说的那一段，叙述那个"温情主义者"文章写的是一套，实际采用的又是另一套的那一段，就是两段出色的文章。前一段写那批口蜜腹剑的家伙，让读者如闻其声。后一段写"温情主义者"在实际上抛开了"温情主义"，引起读者许多回味。说那些"带工"的嘴巴是"可以将一根稻草讲成金条的嘴巴"，说那些"包身工"是"'罐装的劳动力'，可以'安全地'保藏，自由地取用，绝没有因为和空气接触而起变化的危险"，都是很好的文学

手法。在应用文的报告书里不会有这样的手法。

　　读者诸君喜欢执笔作文。写什么呢？与其写一些空泛议论，不如写一些亲身经历。所以，议论怎样推行新生活，怎样使国家强盛起来，不如叙述曾经经历过的某一桩事情，不如抒写对于本乡本镇的感情。这些还只是限于个人方面。如果能够推广开来，把自己所熟悉的社会中某一方面的情形作为写作材料，那就更有意义了。读者诸君不妨向报告文学方面去试试。

　　我在倒数上去的二十年中，只看过两回中国戏，前十年是绝不看，因为没有看戏的意思和机会，那两回全在后十年，然而都没有看出什么来就走了。

　　第一回是民国元年我初到北京的时候，当时一个朋友对我说，北京戏最好，你不去见见世面么？我想，看戏是有味的，而况在北京呢。于是都兴致勃勃的跑到什么园，戏文已经开场了，在外面也早听到冬冬地响。我们挨进门，几个红的绿的在我的眼前一闪烁，便又看见戏台下满是许多头，再定神四面看，却见中间也还有几个空座，挤过去要坐时，又有人对我发议论，我因为耳朵已经喤喤的响着了，用了心，才听到他是说："有人，不行！"

　　我们退到后面，一个辫子很光的却来领我们到了侧面，指出一个地位来。这所谓地位者，原来是一条长凳，然而他那坐板比我的上

　　* 原载作者著的《文章例话》，开明书店一九三七年二月出版。

腿要狭到四分之三，他的脚比我的下腿要长过三分之二。我先是没有爬上去的勇气，接着便联想到私刑拷打的刑具，不由的毛骨悚然的走出了。

走了许多路，忽听得我的朋友的声音道："究竟怎的？"我回过脸去，原来他也被我带出来了。他很诧异的说："怎么总是走，不答应？"我说："朋友，对不起，我耳朵只在冬冬喤喤的响，并没有听到你的话。"

后来我每一想到，便很以为奇怪，似乎这戏太不好——否则便是我近来在戏台下不适于生存了。

第二回忘记了哪一年，总之是募集湖北水灾捐而谭叫天还没有死。捐法是两元钱买一张戏票，可以到第一舞台去看戏，扮演的多是名角，其一就是小叫天。我买了一张票，本是对于劝募人聊以塞责的，然而似乎又有好事家乘机对我说了些叫天不可不看的大法要了。我于是忘了前几年的冬冬喤喤之灾，竟到第一舞台去了，但大约一半也因为重价购来的宝票，总得使用了才舒服。我打听得叫天出台是迟的，而第一舞台却是新式构造，用不着争座位，便放了心，延宕到九点钟才出去，谁料照例，人都满了，连立足也难，我只得挤在远处的人丛中看一个老旦在台上唱。那老旦嘴边插着两个点火的纸捻子，旁边有一个鬼卒，我费尽思量，才疑心他或者是目连的母亲，因为后来又出来了一个和尚。然而我又不知道那名角是谁，就去问挤在我左边的一位胖绅士。他很看

不起似的斜瞥了我一眼，说道："龚云甫！"我深愧浅陋而且粗疏，脸上一热，同时脑里也制出了决不再问的定章，于是看小旦唱，看花旦唱，看老生唱，看不知什么角色唱，看一大班人乱打，看两三个人互打，从九点多到十点，从十点到十一点，从十一点到十一点半，从十一点半到十二点——然而叫天竟还没有来。

　　我向来没有这样忍耐的等候过什么事物，而况这身边的胖绅士的吁吁的喘气，这台上的冬冬喤喤的敲打，红红绿绿的晃荡，加之以十二点，忽而使我省悟到在这里不适于生存了。我同时便机械的拧转身子，用力往外只一挤，觉得背后便已满满的，大约那弹性的胖绅士早在我的空处胖开了他的右半身了。我后无回路，自然挤而又挤，终于出了大门。街上除了专等看客的车辆之外，几乎没有什么行人了，大门口却还有十几个人昂着头看戏目，别有一堆人站着并不看什么，我想：他们大概是看散戏之后出来的女人们的，而叫天却还没有来……

　　这是鲁迅先生的小说《社戏》开头的部份，《看戏》这个题目是我加上去的。

　　选读这一段文章，为的是拿它作为例子，说明写文章的一种方法。

　　我们平常写文章，把自己看见、听见的告诉人家，往往先把

所看见、所听见的分析一番，整理一番。譬如，一个人的形状，就说他的身材怎样，面貌怎样，说一个音乐队的演奏，就说笛子的声音怎样，三弦的声音怎样。这些都是经过了分析和整理以后的结果。在当时，看见的只是完整的一个人，并不分什么身材和面貌，听见的只是和谐的一派乐调，并不分什么笛子和三弦的声音。只因为想教没有看见、没有听见的人知道，不得不分开项目来回想回想。那人的身材，那人的面貌，笛子的声音，三弦的声音，都是回想时候所定的项目。项目自然不能全备，然而提出来的一定是比较重要的。读文章的人读到了关于比较重要的若干项目的报告，虽然不能像亲见亲闻一样，可是对于那个人、那一场演奏，总算知道一个大概了。

另外还有一个方法。就是不用事后的分析、整理的工夫，只依据看着听着的当时的感觉写下来。即使写的时候离开看着听着的当时很远，也从记忆中去把当时的感觉找回来，然后依据着写。什么叫做当时的感觉呢？无论在何时何地，我们的周围总是有许多事物环绕着。这许多事物并不逐件逐件闯进我们的意念，对于我们，大部份是虽有如无。惟有引得起我们的注意的几件，我们才感觉到它们的存在。而且同样一件事物，只因环境不同，心情不同，在感觉它的时候也就见得不同。不问那事物在别的时候怎样，只说这一回感觉它的时候怎样，这就是所谓当时的感觉。

上面说的意思，好像不大容易明白。让我们从本篇中取一个

实例来说，就非常清楚了。本篇第二节，写的是作者第一回看中国戏跑进戏园时候的情形。跑进戏园，接触的事物当然很多，倘若要一件也不漏地报告出来，不知要记多么长的一篇账呢。作者并不采用记账的办法，只把最引起他注意的写下来，这就是"几个红的绿的在我的眼前一闪烁，便又看见戏台下满是许多头"。

"红的绿的"是什么呢？自然是戏台上的演员。演员分生、旦、净、丑等角色，某角色扮演剧中的某人物，要详细说起来，不是一句话可以了事的。"许多头"是什么呢？自然是一班观众。观众有男、女、老、少的分别，他们的神态、服装等等又各各不同，要说得详细，也得用好些句话。为什么作者只用"红的绿的"和"许多头"把演员和观众一笔带过呢？原来在作者跑进戏园的当时，最先引起他注意的是几个红的绿的，而且仅仅是几个红的绿的，也不辨他们是什么角色，扮演的是什么剧中的什么人物，只觉得他们在眼前这么一闪烁罢了。他依据当时的感觉写下来，就是"几个红的绿的在我的眼前一闪烁"。接着引起他的注意的是许多头，而且仅仅是许多头，也不辨他们是何等样人，作何等的神态，穿何等的服装，只觉得他们挤满台下罢了。他依据当时的感觉写下来，就是"便又看见戏台下满是许多头"。

我们差不多都有过跑进戏园的经验。凭着我们的经验，读到"几个红的绿的在我的眼前一闪烁，便又看见戏台下满是许多头"，我们的意想中就展开一幅热闹的、活动的图画，我们的鼻子里仿佛嗅到戏园中那种闷热的空气，换一句话说，就是如临其

境。所以，写文章把自己的见闻告诉人家，倘若能够捉住当时的感觉，顺次写下来，就使人家如临其境。倘若用前一种方法，先作一番分析整理的工夫，然后逐项写下来，那只能使人家知道一个大概，说不到如临其境。

教科书里的文章，注重在教人家记忆、理解，大多用前一种方法。至于文艺，注重在教人家感动、欣赏，适宜用后一种方法。文艺部门中的小说多数出于虚构，小说里一切当然不尽属作者亲自的经历（本篇却是作者亲自的经历），有修养的作者能够像写出自己当时的感觉那样写出来，使读者随时有如临其境的乐趣。本篇用这个方法写的不止前面提出的两句。读者不妨逐一检查出来，并体会它们的好处。

……父亲要到南京谋事，我也要回北京念书，我们便同行。

到南京时，有朋友约去游逛，勾留了一日；第二日上午便须渡江到浦口，下午上车北去。父亲因为事忙，本已说定不送我，叫旅馆里一个熟识的茶房陪我同去。他再三嘱咐茶房，甚是仔细。但他终于不放心，怕茶房不妥帖；颇踌躇了一会。其实我那年已二十岁，北京已来往过两三次，是没有什么要紧的了。他踌躇了一会，终于决定还是自己送我去。我两三回劝他不必去，他只说："不要紧，他们去不好！"我们过了江，进了车站。我买票，他忙着照看行李。行李太多了，得向脚夫行些小费，才可过去。他便又忙着和他们讲价钱。我那时真是聪明过分，总觉他说话不大漂亮，非自己插嘴不可。但他终于讲定了价钱；就送我上车。他给我拣定了靠车门的一张椅子；我将

* 原载作者著的《文章例话》，开明书店一九三七年二月出版。

他给我做的紫毛大衣铺好坐位。他嘱我路上小心，夜里要警醒些，不要受凉。又嘱托茶房好好照应我。我心里暗笑他的迂；他们只认得钱，托他们直是白托！而且我这样大年纪的人，难道还不能料理自己么？唉，我现在想想，那时真是太聪明了！

我说道："爸爸，你走吧。"他望车外看了看，说："我买几个橘子去。你就在此地，不要走动。"我看那边月台的栅栏外有几个卖东西的等着顾客。走到那边月台，须穿过这铁道，须跳下去又爬上去。父亲是一个胖子，走过去自然要费事些。我本来要去的，他不肯，只好让他去。我看见他戴着黑布小帽，穿着黑布大马褂，深青布棉袍，蹒跚地走到铁道边，慢慢探身下去，尚不大难。可是他穿过铁道，要爬上那边月台，就不容易了。他用两手攀着上面，两脚再向上缩；他肥胖的身子向左微倾，显出努力的样子。这时我看见他的背影，我的泪很快地流下来了。我赶紧拭干了泪，怕他看见，也怕别人看见。我再向外看时，他已抱了朱红的橘子往回走了。过铁道时，他先将橘子散放在地上，自己慢慢爬下，再抱起橘子走。到这边时，我赶紧去搀他。他和我走到车上，将橘子一股脑儿放在我的皮大衣上。于是扑扑衣上的泥土，心里很轻松似的。过一会说："我走了，到那边来信！"我望着他走去。他走了几步，回过头看见我，说："进去吧，里边没人。"等他的背影混入来来往往的人里，

再找不着了，我便进来坐，我的眼泪又来了。……

这篇《背影》，大家说是朱自清先生的好文章，各种初中国文教科书都选了它。现在我们选读它的中部。删去的头和尾，分量大约抵全篇的三分之一。

一篇文章印出来，都加得有句读符号。依着句读符号读下去，哪里该一小顿，哪里该一大顿，不会弄错。但是句中词与词间并没有什么符号。就得用我们的心思给它加上无形的符号，划分清楚。例如看见"父亲要到南京谋事"，就划分成"父亲——要——到——南京——谋事"，看见"我也要回北京念书"，就划分成"我——也——要——回——北京——念书"。这一番工夫要做得完全不错，先得逐一明白生字和难语。例如，"勾"字同"留"字，"踌"字同"躇"字，"蹒"字同"跚"字是不是连在一起的呢？"一股脑儿"是不是"一股的脑子"的意思呢？这等问题不解决，词就划分不来。解决这等问题有三个办法：一是凭自己的经验，一是查词典，一是请问别人。

词划分清楚了，还要能够辨明哪些是最主要的词。例如读到"叫旅馆里一个熟识的茶房陪我同去"，就知道最主要的词只是"叫——茶房——去"，读到"我将他给我做的紫毛大衣铺好坐位"，就知道最主要的词只是"我——铺——坐位"。能这样，就不致不明白或者误会文章的意思了。

这篇文章把父亲的背影作为主脑。父亲的背影原是作者常

常看见的，现在写的却是使作者非常感动的那一个背影。那么，在什么时候、什么地方看见那一个背影，当然非交代明白不可。这篇文章先要叙明父亲和作者同到南京，父亲亲自送作者到火车上，就是为此。

有一层可以注意：父子两个到了南京，耽搁了一天，第二天渡江上车，也有大半天的时间，难道除了写出来的一些事情以外，再没有旁的事情吗？那一定有的，朋友约去游逛不就是事情吗？然而只用一句话带过，并不把游逛的详细情形写出来，又是什么缘故？缘故很容易明白：游逛的事情和父亲的背影没有关系，所以不用写。凡是和父亲的背影没有关系的事情都不用写；凡是要写出来的事情都和父亲的背影有关系。

这篇文章叙述看见父亲的背影，非常感动，计有两回：一回在父亲去买橘子，爬上那边月台的时候；一回在父亲下车走去，混入来往的人群里头的时候。前一回把父亲的背影描写得很仔细：他身上穿甚么衣服，他怎样走到铁道边，穿过铁道，怎样爬上那边月台，都依照当时眼见的写出来。在眼见这个背影的当儿，作者一定想到父亲不肯让自己去买橘子，仍旧把自己当小孩子看待，这和以前的不放心让茶房送，定要他亲自来送，以及他的忙着照看行李，和脚夫讲价钱，嘱托车上的茶房好好照应他的儿子等等行为是一贯的。作者一定又想到父亲为着爱惜儿子，情愿在铁道两边爬上爬下，做一种几乎不能胜任的工作。这中间含蓄着一段多么感人的爱惜儿子的深情！以上这些意思当然可以写

在文章里头，但是不写也一样，读者看了前面的叙述，看了对背影的描写，已经能够领会到这些意思了。说话要没有多馀的话，作文要没有多馀的文句。既然读者自能领会到，那么明白写下反而是多馀的了，所以不写，只写了"我的泪很快地流下来了"。后一回提到父亲的背影并不描写，只说"他的背影混入来来往往的人里，再找不着了"。这一个消失在人群里头的背影是爱惜他的儿子无微不至的，是再三叮咛舍不得和他的儿子分别的，但是现在不得不"混入来来往往的人里"去了。做儿子的想到这里，自然起一种难以描摩的心绪，也说不清是悲酸还是惆怅。和前面所说的理由相同，这些意思也是读者能够领会到的，所以不写，只写了"我的眼泪又来了"。

到这里，全篇的主旨可以明白了。读一篇文章，如果不明白它的主旨，而只知道一点零零碎碎的事情，那就等于白读。这篇文章的主旨是什么呢？就是把父亲的背影作为叙述的主脑，从其间传出父亲爱惜儿子的一段深情。

这篇文章记父亲的话只有四处，都非常简单。并不是在分别的那一天父亲只说了这几句简单的话。而是因为这几句简单的话都是深情的流露，所以特地记下来。在作者再三劝父亲不必亲自去送的当儿，父亲说："不要紧，他们去不好！"在到了车上，作者请父亲回去的当儿，父亲说："我买几个橘子去。你就在此地，不要走动。"在买来了橘子将要下车的当儿，父亲说："我走了；到那边来信！"在走了几步回过头来的当儿，父亲说：

"进去吧，里边没人。"这里头含蓄着多少怜惜、体贴、依依不舍的意思！我们读到这几句话，不但感到了这些意思，还仿佛听见了那位父亲当时的声音。

其次要说到叙述动作的地方。叙述一个人的动作当然先得看清楚他的动作。看清楚了，还得用最适当的话写出来，才能使读者宛如看见这些动作一样。这篇文章叙述父亲去买橘子，从走过铁路去到回到车上来，动作不少。作者所用的话都很适当，排列又有条理，使我们宛如看见这些动作，还觉得那位父亲真做了一番艰难而愉快的工作。还有，所有叙述动作的地方都是实写，惟有加在"扑扑衣上的泥土"下面的"心里很轻松似的"一语是作者眼睛里看出来的，是虚写。这一语很有关系，把"扑扑衣上的泥土"的动作衬托得非常生动，而且把父亲情愿去做这一番艰难工作的心情完全点明白了。

有几处地方是作者说明自己的意思的：在叙述父亲要亲自去送的当儿，说自己"北京已来往过两三次"了；在叙述父亲和脚夫讲价钱的当儿，说自己"总觉他说话不大漂亮"；在叙述父亲郑重嘱托车上的茶房的当儿，说自己"心里暗笑他的迂"。这些都有衬托的作用，可以看出父亲始终把作者看做一个还得保护的孩子，所以随时随地给他周到的照顾。至于"我那时真是聪明过分"，"那时真是太聪明了"，那是作者事后省悟过来责备自己的意思。"聪明过分"，"太聪明了"，换句话说就是"一点也不聪明"。为什么一点也不聪明？因为当时只觉得父亲"说话

不大漂亮",暗笑父亲"迂",而不能够体贴父亲疼爱儿子的心情。

这篇文章通体干净,没有多馀的话,没有多馀的字眼。即使一个"的"字一个"了"字也是必须用才用。多读几遍,自然有数。

沿池子的水面，伸出五个人头。

因为池子是圆的，所以差不多是等距离地排列着的五个人头便构成了半规形的"步哨线"，正对着池子的白石岸旁的冷水龙头。这是个擦得耀眼的紫铜质的大家伙，虽然关着嘴，可是那转柄的节缝中却茧茧地飞进出两道银线一样的细水，斜射上去约有半尺高，然后乱纷纷地落下来，像是些极细的珠子。

五岁光景的一对女孩子，就坐在这个冷水龙头旁边的白石池岸上，正对着我们五个人头。水蒸气把她们俩的脸儿熏得红喷喷地，头上的水打湿了的短发是墨黑黑地，肥胖的小身体又是白生生地。她们俩像是孪生的姊妹。坐在左边的一个的肥白的小手里拿着个橙黄色透明体的肥皂盒子；她就用这小小的东西舀水来浇自己的胸脯。右边的一个呢，捧了一条和她的身体差不多长短的毛巾，在她的两股中间揉摩。

　　* 原载作者著的《文章例话》，开明书店一九三七年二月出版。

　　虽是这么幼小的两个，却已有大人的风度，然而多么妩媚。

　　这样想着，我侧过脸去看我左边的一个人头。这是满腮长着黑森森的胡子根的中年汉子的强壮的头。他挺起了眼睛往上瞧，似乎颇有心事。

　　我再向右边看。最近的一个正把滴水的毛巾盖在脸上，很艰辛地喘气。再过去是三角脸的青年，将后颈枕在池子的石岸上，似乎已经入睡。更过去是一张肥胖的圆脸，毫无表情地浮在水面，很像个足球。

　　忽然那边的矿泉水池里豁剌剌一片水响，冒出个黄脸大汉来，胸前有一丛黑毛。他晃着头，似乎想出来，却又蹲了下去。

　　大概是惊异着那边还有人，两个小女孩子都转过头去了。拿肥皂盒的一个的小脸儿正受着冷水龙头迸出来的水珠。她似乎觉得有些痒罢，她慢慢地举起手来搔了几下，便又很正经地舀起水来浇胸脯。

　　茅盾先生这篇文章并不是告诉我们一个故事，只是告诉我们他眼睛里看见的一番光景。文章的内容本来是各色各样的。记载一件东西，叙述一桩事情，发表一种意见，吐露一腔情感，都可以成为文章。把眼睛里看见的光景记下来，当然也成为文章。

　　我们从早上睁开眼睛起来到晚上闭上眼睛睡觉，随时随地

看见种种光景。如果把种种光景完全记下来，那就像一篇杂乱无章的流水账，教人家看了摸不着头脑。而且作者也没有写这种流水账的必要。作者要写的一定是感到兴趣、觉得有意思的一番光景。至于那些平平常常的光景，虽然看在眼里，决不高兴拿起笔来写。

这样说起来，写这类文章，必须在种种光景里画一圈界限，把要写的都圈在界限里边，用不着的都搁在界限外边。茅盾先生写这篇文章就先画这么一圈界限。读者试想一想：他那界限是怎样画的？

当时作者在日本的浴池洗澡，若把身子打一个旋，看见的应该是浴池全部的光景。但是他的兴趣并不在浴池全部。他只对于正在洗澡的几个人感到兴趣，觉得他们值得描写。所以他所写的限于池子，池子以外的光景都不写；他的界限是沿着池岸画的。

写出眼睛里看见的光景，第一要位置分明，不然，人家看了你的文章就糊涂，不会看见像你看见的那样。读者试注意这篇文章里位置的交代："池子是圆的"，"五个人头便构成了半规形"，"正对着池子的白石岸旁的冷水龙头"。五个人头中间，作者是一个，作者的左边一个，右边三个。冷水龙头旁边的池岸上坐着两个女孩子。那边还有个矿泉水池，里面也有一个人在那里洗澡。像这样把位置交代清楚，使人家看了，简直可以画一张图画。

因为写的是作者看见的光景，所以对于作者自己并没有写

什么。看见池子怎样就写池子怎样。看见冷水龙头怎样就写冷水龙头怎样。看见洗澡的几个人怎样就写洗澡的几个人怎样。池子跟冷水龙头固然是死物，洗澡的几个人却是有思想感觉的。思想感觉藏在他们的里面，作者无从知道。作者只能根据看得见的他们的外貌，去推测藏在里面的他们的思想感觉。推测不一定就准，所以看见左边一个"挺起了眼睛往上瞧"，说他"似乎颇有心事"，看见矿泉水池里的一个"晃着头"，说他"似乎想出来"，看见"两个小女孩子都转过头去了"，说她们"大概是惊异着那边还有人"，看见拿肥皂盒的一个"慢慢地举起手来搔了几下"，说"她似乎觉得有些痒罢"。读者试想：这些地方假如去掉了"似乎"跟"大概"，有没有什么不妥当？有的。假如去掉了"似乎"跟"大概"就变得作者的眼光钻到这几个人的里面去了。这就不是专写光景的手法。这就破坏了全篇的一致。——作者的眼光钻到人物里面去的写法并非绝对不容许，而且常常用得到。像许多小说里，一方面叙述甲的思想感觉，同时又叙述乙、丙、丁的思想感觉，好像作者具有无所不知的神通似的。这是一种便利的法门，不这样就难教读者深切地了解各方面。然而小说并不是专写光景的文章。

专写光景的文章，所占时间往往很短，就只是作者放眼看出去的一会儿。这篇文章虽然有六百多字，所占时间却仅有四瞥的工夫——向对面两个女孩子一瞥，向左边的一个一瞥，向右边的三个一瞥，"忽然那边的矿泉水池里豁剌剌一片水响"，又是一

瞥。这类文章也有不占时间的。比如记述一件东西，描写一处景物，作者自己不出场，并不叙明"我"在这里看，那就不占时间了。

这篇文章写得细腻。写得细腻由于看得精密。你看他写一个冷水龙头，使我们仿佛亲眼看见了那"紫铜质的大家伙"。若不是当时精密地看过，拿着笔伏在桌子上想半天也想不出来的。其馀写几个人的形象跟动作的地方也是这样。读者都应该仔细体会。

现代建筑的形式美，约言之，有四条件：第一，建筑形态须视实用目的而定。第二，建筑形态须合于工学的构造。第三，建筑形态巧妙地应用材料的特色。第四，建筑形态须表出现代感觉。

现代建筑界的宠儿勒·可尔褒齐（Le Corbusier）有一句名言："家是住的机械。"这句话引起了世界的反应，大家从机械上探求建筑美。换言之，即从实用价值中看出的艺术的价值。凡徒事外观美而不适实用的建筑，都没有美术的价值，在现代人看来都是丑恶的。现代人的家，要求室内有轻便的卫生设备，换气、采光、暖房等。要求建筑材料宜于保住温度，宜于防湿气，宜于隔离音响，且耐久耐震。要求窗户的启闭轻便而自由。因此木框的窗改为铁框的窗。最彻底表现这种建筑美的，便是Siedlung——无产者集合住宅的新形态，集合住宅的意图：是用最小限的费用，来企图最

---

* 原载作者著的《文章例话》，开明书店一九三七年二月出版。

大限的活用。昔日不列入艺术范围内的平民之家，现在成了最显示美的特质的建筑题材。

建筑形态合于工学的构造，就是要求力学的机能与建筑的基本样式保有密切的关系。例如铁比石轻便，比石占据地位更少；铁骨建造可使建筑物表面免去柱的支体。尽量利用这种力学的机能，便可以在建筑上显示一种特殊的美。

材料的特色，例如古代建筑用石材，表示石材特有的美。现今的建筑用铁，用玻璃，亦必尽量发挥铁和玻璃所固有的材料美。白色的半透明玻璃的夜光的效果，已在现代都市中处处显示着。

现代感觉，不限于视觉，须与现代人生活全部相关联。例如最近流行一种钢管的家具桌椅，便是为了它适合现代感觉，与现代人的简便轻快的生活相调和，最适宜于作为"住的机械"的一部份的原故。

这篇文章是从丰先生的《西洋建筑讲话》第六讲"店的艺术"中摘录出来的，题目是我加上的。丰先生编的讲述艺术的书不少，有关于图画的，有关于音乐的，有关于建筑的。现在摘录这一篇来和读者诸君谈谈，除了使诸君知道它的内容以外，更重要的在使诸君辨认文体，懂得一种文体的作法。

我们读教科书，看报纸和杂志，接触许多文章。留心一下，就觉得这许多文章在作用上并不相同。譬如，讲一只可爱的猫

的，讲几幅名贵的画的，这些文章讲的是占有空间的东西，按照东西的性状写下来，好比作写生画。又譬如，讲某次战争的始末的，讲某人努力学习的经过的，这些文章讲的是占有时间的事情，把事情的前前后后写下来，好比拍活动影片。无论是讲占有空间的东西或者是讲占有时间的事情，都是记叙外界的现成的材料，通常叫做记叙文。

但是这一次选读的这篇文章又不同了。它讲到现代建筑，可并不讲某一所建筑的外观和内容，也不讲某一所建筑从奠基到落成的经过情形。它所讲的不是占有空间的东西，也不是占有时间的事情，而是附着于事物的一种道理。它讲明白现代的建筑的形式美是什么，换一句说，就是讲明白现代建筑的形式美根据什么来判定。现代建筑的形式美根据什么来判定，这是一种道理，凭空去找是找不到的，因为它附着于现代建筑，离开现代建筑就不存在。不凭空去找，要凭现代建筑去找，但是只凭一所建筑还是不行，必须看了许多现代建筑，才能发见这个道理，理解这个道理。发见了、理解了才能讲。这同记叙文不一样，不是告诉人家一些外界的现成的材料，而是告诉人家一些内心的努力的结果。这样的文章，作用在讲明白一些内心所发见、所理解的道理，通常叫做说明文。

人类生活非常繁复，人与人之间不能够单把所接触的东西，所知道的事情互相告诉了就完事，还得把所发见、所理解的道理互相传授，互相印证，使彼此的知识更加丰富起来。因此，写文

107

章不能只写记叙文，还得写说明文。

说明文的用处非常大。我们读的教科书就大半是说明文。生理学、物理学的教科书不必说了；就像历史教科书，它那述说史实的部份固然是记叙文，但是指明前因后果的部份就是说明文；又像地理教科书，它那述说地方的部分固然是记叙文，但是阐明有关人文的部份就是说明文。

这篇文章中所引勒·可尔褒齐的话"家是住的机械"，可以说是最简单的说明文。只有一句话，但是说出了他对于家的理解。通常的说明文也无非许多这样形式的话的集合，以及它们的引申。像这篇文章的第一节，作者对于"现代建筑的形式美"有四项理解，就用四句话来说明。这四句的每一句，形式都和"家是住的机械"相同。例如第一句，其实就是"现代建筑的形式美的条件是建筑形态须视实用目的而定"。说了这四句恐怕人家还不明白，要问什么叫做建筑形态须视实用目的而定。这就不得不加引申，于是写了第二节。第三、四、五节也是同样的道理。这就构成了全篇。

说明文的好坏在乎所发见、所理解的道理准确不准确。发见得准确，理解得准确，写下来的就是好的说明文，除非文字上有什么毛病。如果所发见的是空想，所理解的是误会，即使文字上一无毛病，也不能认为是好的说明文。怎样才能使所发见、所理解的道理完全准确呢？这要靠平时修养、锻炼，是整个生活上的事情，不是只读几篇文章所能做到的。

我记得有一个时候，有人提出枪杆和笔杆对救国谁的力量强的问题。有些人对这个问题打了一顿笔墨官司，结果还是你说你的，我说我的，没有得到什么一定的结论。其实枪杆自有枪杆的效用，笔杆也自有笔杆的效用，只须用得其当，都可有它的最大的贡献；真要救国，应该各就各的效用作最大限度的努力。当十九路军在淞沪英勇抗敌御侮的时候，我们亲眼看到枪杆对于保卫国土所贡献的伟大的力量，但是同时我们也亲眼看到民众被爱国言论和宣传所引起的异常深刻的感动，万众一心，同仇敌忾，有钱的出钱，有力的出力，妇孺老幼都奋发努力于后方的种种工作，军力和民力打成了一片。

救国的工作是要靠各种各样的分工配合而成的，是要各就自己所有的能力作最大限度的奋斗。

试再就军事上的作战说吧，有的担任前线

---

* 原载作者著的《文章例话》，开明书店一九三七年二月出版。

的冲锋，有的卫护后方的辎重，各有各的任务，谁也少不了谁；你如果一定要使冲锋的队伍都到后方来卫护辎重，或一定要使辎重队都往前方去冲锋陷阵，那在军事的作战上都是损失。

不但枪杆和笔杆，不但军事上的作战，我们对于各种各样的工作，乃至似乎是很平凡的工作，都应作如是观。例如一个报馆里卷包报纸的社工，在表面上看来，他的工作似乎是很平凡的，但是只要这个报纸是热心参加救国运动的，在救国的任务上，他的工作也有着重要的意义。

稍稍有一点知识和良心的中国人，没有不时常想到中华民族解放，没有不殷切盼望中华民族解放的早日实现，所以也没有不想在这上面尽他的力量。这种心理的随处流露，在救国运动方面当然是一件可喜的事情。但是有许多人因此感到苦闷，总想跳出他所处的现实，跑到一个合于他的理想的环境中去努力。他没有想到我们应该各就各的能力，即在现实中随时随地做工夫，更没有想到环境若是真能合于我们的理想，那需要我们的努力也就不会怎样迫切的了。

也许我们自己还没有做到"最大限度"，那只有更奋勉地加工干去。也许别人还没有做到"最大限度"，那我们也不应轻视他，却要指示他，鼓励他，帮助他，做到"最大限度"。

让我们在民族解放的大目标下，分头努力干去！

　　我们已经选读了一些说明文。说明文无非说明一种道理、原由、关系等等。那种道理、原由、关系等等是本来存在的，并非作者所创造，也非任何人所能创造。作者不过懂得了这些（或者由自己悟出来，或者从他人那里传习得来），就把所懂得的告诉他人罢了。这时候作者的态度是异常冷静的，一点不搀入自己的感情或愿望，也不问读者是谁，只要把自己所懂得的说明白了就行。如果在另一处地方，另一个时间还有说明那种道理、原由、关系等等的必要，若是他自信所懂得的并不错误，那么他所写出来的依然是从前的那番话。读者对于那番话相信不相信，他是不过问的。相信不相信是读者的事情，而他只担负说明白那种道理、原由、关系等等的责任。这种态度是说明文的特点。

　　从说明文进一步，也是说明一种道理、原由、关系等等，但是同时伴着一种愿望，必须说服读者，使读者信从。这时候，所说明的道理、原由、关系等等就成为作者的主张。从文章体制上说，这篇文章就成为议论文了。无论什么主张，决不能没有理由地建立起来。譬如你主张常常运动以增进健康，必然由于你懂得了运动和健康的关系。可见主张也不是凭空造出来的。从事事物物之间去参悟、去体验，因而懂得什么是应该的，什么是不应该的，什么是必须做的，什么是不能做的；这样的主张才有价值，才可以作为言论和行动的标准。一个人有了一种主张，他自己的言论和行动当然和它一致，那是不用说的，不然就是人格的不一致，道德上的缺失。同时一个人常常欢喜把自己的主张告诉他

人，使他人相信他的主张确有道理，言论和行动也和它一致。为着使他人相信，语气之间就不能像说明文那样冷静，得带有表示感情或愿望的成份。议论文和说明文的区别就在这里。说明文以"说明白了"为成功，而议论文却以"说服他人"为成功。我们时常看见的"宣言"、"告××书"一类的宣传文章，其中当然有一些意思，但是这些文章不只希望把那些意思说明白，还要用一种打动人心的语句和调子表达出来，使他人乐于接受。这类文章也是议论文，从这类文章也可以看出议论文和说明文的不同。

这一回我们选读韬奋先生的一篇文章。这篇文章所说明的是什么呢？读者诸君一定能够看出，就是作为第二节的一句话："救国的工作是要靠各种各样的分工配合而成的，是要各就自己所有的能力作最大限度的奋斗。"从淞沪战役的经验，知道枪杆和笔杆同样具有伟大的力量。从军事的常识，知道担任前线的冲锋和卫护后方的辎重同样不能缺少。更从其他很平凡的工作着想，知道一家热心参加救国运动的报馆里的一个卷包报纸的社工，他的工作也有着重要的意义。"各种各样的分工"以及"各就自己所有的能力作最大限度的奋斗"的道理，是从这些认识上悟出来的，并不是作者凭空造出来的。

假如文章只说这些，那就是一篇说明文。作者所以要说明白这个道理，为的是从这个道理他建立了一个主张："让我们在民族解放的大目标下，分头努力干去！"有许多人"总想跳出他所处的现实，跑到一个合于他的理想的环境中去努力。"作者要拿

他的主张去劝说那些人，使他们不再这么想，而在现实中随时随地做工夫。他用提醒的方法来劝说。第一，他指出他们没有想到各就各的能力去做工夫的道理。第二，他指出他们意念的错误。现在迫切地需要大家努力，为的就是现实环境不合理想，又怎么能够跳出现实，另寻理想的环境去努力呢？经作者这么一提醒，这许多人至少要爽然自失，因而信从作者的主张吧。倒数第二节是表示意志的语言。不放松自己，也不放松别人，像共同宣誓一样把"做到'最大限度'"作为彼此努力的目标。最后一节，简单地明确地提出主张。如果是在台上演说，这一句话是字字着力地说出来的。就在此戛然而止，打动听众心坎的力量是多么强大啊！

北平的洋车夫有许多派：年轻力壮，腿脚灵利的，讲究赁漂亮的车，拉"整天儿"，爱什么时候出车与收车都有自由；拉出车来，在固定的"车口"或宅门一放，专等坐快车的主儿；弄好了，也许一下子弄个一块两块的；碰巧了，也许白耗一天，连"车份儿"也没着落，但也不在乎。这一派哥儿们的希望大概有两个：或是拉包车；或是自己买上辆车——有了自己的车，再去拉包月或散座就没大关系了，反正车是自己的。比这一派岁数稍大的，或因身体的关系而跑得稍差点劲的，或因家庭的关系而不敢白耗一天的，大概就多数的拉八成新的车；人与车都有相当的漂亮，所以在要价儿的时候也还能保持住相当的尊严。这派的车夫，也许拉"整天"，也许拉"半天"。在后者的情形下，因为还有相当的精气神，所以无论冬天夏天总是"拉晚儿"。夜间，当然比白天需要更多的留神与本事；钱自然也多挣一

---

* 原载作者著的《文章例话》，开明书店一九三七年二月出版。

些。

年纪在四十以上，二十以下的，恐怕就不易在前两派里有个地位了。他们的车破，又不敢"拉晚儿"，所以只能早早的出车，希望能从清早转到午后三四点钟，拉出"车份儿"和自己的嚼谷。他们的车破，跑得慢，所以得多走路，少要钱。到瓜市，果市，菜市，去拉货物，都是他们；钱少，可是无须快跑呢。

在这里，二十岁以下的——有的从十一二岁就干这行儿——很少能到二十岁以后改变成漂亮的车夫的，因为在幼年受了伤，很难健壮起来。他们也许拉一辈子洋车，而一辈子连拉车也没出过风头。那四十以上的人，有的是已拉了十年八年的车，筋肉的衰损使他们甘居人后，他们渐渐知道早晚是一个跟头会死在马路上。他们的拉车姿式，讲价时的随机应变，走路的抄近绕远，都足以使他们想起过去的光荣，而用鼻翅儿扇着那些后起之辈。可是这点光荣丝毫不能减少将来的黑暗，他们自己也因此在擦着汗的时节常常微叹。不过，以他们比较另一些四十上下岁的车夫，他们还似乎没有苦到了家。这一些是以前决没有想到自己能与洋车发生关系，而到了生和死的界限已经不甚分明，才抄起车把来的。被撤差的巡警或校役，把本钱吃光的小贩，或是失业的工匠，到了卖无可卖，当无可当的时候，咬着牙，含着泪，上了这条到死亡之路。这些人，生命最鲜壮的时期已经卖掉，

现在再把窝窝头变成的血汗滴在马路上。没有力气，没有经验，没有朋友，就是在同行的当中也得不到好气儿。他们拉最破的车，皮带不定一天泄多少次气；一边拉着人还得一边儿央求人家原谅，虽然十五个大铜子儿已经算是甜买卖。

此外，因环境与知识的特异，又使一部份车夫另成派别。生于西苑海甸的自然以走西山，燕京，清华，较比方便；同样，在安定门外的走清河，北苑，在永定门外的走南苑……这是跑长趟的，不愿拉零座，因为拉一趟便是一趟，不屑于三五个铜子的穷凑了。可是他们还不如东交民巷的车夫的气儿长，这些专拉洋买卖的讲究一气儿由东交民巷拉到玉泉山，颐和园或西山。气长也还算小事，一般车夫万不能争这项生意的原因，大半还是因为这些吃洋饭的有点与众不同的知识，他们会说外国话。英国兵，法国兵，所说的万寿山，雍和宫，"八大胡同"，他们都晓得。他们自己有一套外国话，不传授给别人。他们的跑法也特别，四六步儿不快不慢，低着头，目不旁视的，贴着马路边儿走，带出与世无争，而自有专长的神气。因为拉着洋人，他们可以不穿号坎，而一律的是长袖小白褂，白的或黑的裤子，裤筒特别肥，脚腕上系着细带；脚上是宽双脸千层底青布鞋；干净，利落，神气。一见这样的服装，别的车夫不会再过来争座与赛车，他们似乎是属于另一行业的。

　　这篇文章是从老舍先生最近发表的长篇小说《骆驼祥子》第一章节取来的，《北平的洋车夫》是我给它加上的题目。

　　读者诸君试把这篇文章念几遍，就会感觉到老舍先生的文章别有风格，和许多作者的文章不同。说起文章的风格，好像是带点儿玄妙意味的事情。其实不然。就一个人来说，言语、举动虽然和许多人大体相同，可是总有着"小异"之点，待人接物也有他的态度和方法。把这些综合起来，人家对他就有更深切的认识，不仅是声音，是面貌，凡是一言一动，都觉得印着他的标记：这是这一个人而不是其他的人。这样的认识可以说是认识了这个人的风格，而不只认识了这个人的外形。文章的风格，情形恰正相同，所以并不玄妙。

　　老舍先生文章的风格，第一，从尽量利用口头语言这一点上显示出来。现在虽然大家在写语体文，真能把口头语言写得纯粹的还是不多。字眼的选择，多数人往往随便对付，在口头语言里找不到相当的字眼，就用文言的字眼凑上。至于语句的调子，或者依傍文言，或者根据一些"硬译"的译本，或者自己杜撰一下，总之，口头语言里所没有的那种调子，现在的语体文里常常可以遇见。这样的文章，看看当然也可以理会其中讲的是什么，然而缺少明快、简洁，不能显出自然之美。老舍先生特别注意到这方面。他有一篇题目是《我不肯求救于文言》的文章，说明他用功的经验。现在抄录一节在这里：

　　我不求文字雅，而求其有力量，活动，响亮。我的方法是在下笔之前，不只想一句，而是想好了好几句；这几句要是顺当，便留着；否则从新写过。我不多推敲一句里的字眼，而注意一段一节的气势与声音，和这一段一节所要表现的意思是否由句子的排列而正确显明。这样，文字的雅不雅已不成问题；我要的是言语的自然之美。写完一大段，我读一遍，给自己或别人听。修改，差不多都在音节与意思上，不专为一半个字费心血。

　　看了这一节，可以知道他是从纯粹的口头语言出发。再进一步，在气势与声音上，在表现意思是否正确明显上费心血，使文章不仅是口头语言而且是精粹的口头语言。这就成为他的风格。他说"我不多推敲一句里的字眼"，这并不是随便对付的意思。他注意到整句的排列，整句排列得妥帖、适当，其中每一个字眼当然是妥帖、适当的了。过分在一两个字眼上推敲，往往会弄成纤巧，不自然。在一段一节上用工夫，正是所谓"大处落墨"的办法。

　　老舍先生文章的风格，又从幽默的趣味显示出来。幽默是什么，文艺理论家可以写成大部的书，我们且不去管它。一般人往往以为幽默就是说俏皮话，嘻嘻哈哈，乱扯一顿，要不就是讽刺，对人生对社会来一阵笑骂和嘲弄。这却无论如何是一种误会，幽默决非如此。老舍先生有一篇《谈幽默》，其中说：

它表现着心怀宽大。一个会笑而且能笑的人，决不会为件小事而急躁怀恨。褊狭，自是，是"四海兄弟"这个理想的大障碍；幽默专治此病。嬉皮笑脸并非幽默，和颜悦色，心宽气朗，才是幽默。一个幽默写家对于世事，如入异国观光，事事有趣。他指出世人愚笨可怜，也指出那可爱的古怪地点。

我们不妨说这是老舍先生的幽默观。这样的幽默非常可贵，不只是"笑"，不只是"事事有趣"，从"心怀宽大"这一点更可以达到悲天悯人的境界。就像以下的几句话："那四十以上的人，有的是已拉了十年八年的车，筋肉的衰损使他们甘居人后，他们渐渐知道早晚是一个跟头会死在马路上。他们的拉车姿式，讲价时的随机应变，走路的抄近绕远，都足以使他们想起过去的光荣，而用鼻翅儿扇着那些后起之辈。可是这点光荣丝毫不能减少将来的黑暗，他们自己也因此在擦着汗的时节常常微叹。"这里头透着幽默，然而多么温厚啊！

对于这篇文章，这里不必多说，读者诸君看了自然能够完全明白。这里只想教读者诸君理会这位作者文章的风格。每个成熟的作者有他特具的风格。阅读文章可以从种种方面着眼，理会风格也是其中的一方面。

〔原作〕

读 和 写

〔一〕语文是人类交流思想的工具，它包括阅读和写作两个方面。作为一个国家干部，如果没有一定的语文知识，就不容易全面而正确地领会党的指示和政策，当然也就不容易更好地贯彻执行。不但做革命工作如此，就是日常生活也是如此。

譬如我们去看京剧或者听曲艺，如果你语文知识很差，你就不能更全面更深刻地理解这出戏或这段大鼓演唱的内容。再进一步讲，我们日常说话也必须具备一定语文知识，否则你说的话人家可能听不懂，或者你想的是一码事说的却是另一码事。从而说明每个人都必须具备一定的语文知识，才能更好地工作和生活，语文水平越高越能正确地理解别人的感情，也越能正确地表达自己的思想，也就有更好的条

＊　原载一九六四年十月《语文学习讲座》第二十辑。

件做好工作。

〔二〕可是如何才能提高语文水平呢？读写结合是提高阅读能力和写作能力的根本方法。

〔三〕读是学好语文的基础，就如同盖房子一样，基础打的越深越坚实，房子才能盖的越高越大。读就是打基础。因此读书必须由浅入深，循序渐进。但是一定要多读，所谓多读有三：（一）要持之以恒，每天必读，长期坚持；（二）要读多种多样的文章，不但读有关写作技巧方面的书，而且要读报纸、读小说、读科学理论方面的文章，更要读毛主席的著作，（三）不仅要读现代的、中国的文章，古今中外一切好的文章都应认真阅读。只有读的多了才能了解更多的语文知识，才能提高阅读能力，也才能有条件去提高写作能力。

〔四〕写是学好语文的关键。语文既是一门学问，也是一种技能，因此只懂得写作技巧还不行，必须去具体的练习，通过长期实践才能掌握它、运用它。这就像学骑脚踏车一样，道理很简单，但是你只懂得道理而没有实际的练习，骑上去还是要摔下来的。写就是练习的过程，写也必须由浅入深，一步一步的来。开始可以从写生、写日记入手。经过长期不断的磨练才能把学到的知识变成自己的，才能得心应手想写什么就写什么。

〔五〕读和写是学好语文的两个方面，它们之间是相

辅相成的，只读不写是不行的，其结果是眼高手低。只懂得写作理论还是写不出好文章来，正像一个只懂得骑脚踏车理论而实际不会骑车的人一样，硬上去也是要摔下来的。可是只写不读更不行，没有足够的基础知识，不懂得写作技巧，想写出好文章来是绝对不可能的。没有基础的大楼是不存在的。因此只有多读多写，并且把读写密切结合起来，阅读能力与写作能力才会逐步得到提高。

这一篇谈读和写。现在借讨论这一篇的机会，把读和写的关系重新考虑一下，我想是对大家有好处的。

先思考一个问题：作者写这一篇，思路是怎样开展的？换句话说，是怎样一步接着一步想的？如果能够自觉地注意思路的开展，对读和写都有很大好处。

咱们听人家说话，读人家的文章，或者自己说话，自己写文章，往往觉得有的很顺畅，一句接一句，一段接一段，意思前后连贯，语言一气呵成；有的可不然，意思和语言好像断了串的珠子，一会儿说这个，一会儿说那个，前前后后可以划好几道杠杠。这样的经验几乎人人都有，而且所觉得的大多符合实际，就是说，觉得它顺畅的，实际上的确顺畅；觉得它不怎么顺畅的，实际上的确不怎么顺畅。可是仅仅觉得，还只是个朦胧的印象。如果进一步问为什么这样就顺畅，那样就不怎么顺畅，可能回答不上来。回答不上来，那就对读和写的练习没有什么帮助。咱们

要求读和写的能力逐步长进，必须能够回答为什么这样就顺畅，那样就不怎么顺畅，必须说得出个所以然。这是基本功之一。练这项基本功，得注意思路的开展。思路，是个比喻的说法，把一番话一篇文章比做思想走的一条路。思想从什么地方出发，怎样一步一步往前走，最后达到这条路的终点，都要踏踏实实摸清楚，这就是注意思路的开展。踏踏实实摸下来，发现思想走这条路步步落实，没有跳过一两段路，没有在中途走到歪路上去，最后达到的终点正好是这条路的终点，这就是顺畅的话或是顺畅的文章。如果发现的情形相反，那就是不怎么顺畅的话或是不怎么顺畅的文章。这时候说顺畅和不怎么顺畅，跟仅仅觉得不同了，而是从考核思路开展的实际情况得出来的，是有凭有据的。练就这样的基本功，无论听人家的，读人家的，或是自己说，自己写，就都有了凭准，不至于不着边际地去瞎揣摩。所以我希望大家在练习读和写的时候，自觉地注意思路的开展。下一句跟上一句怎么连上的，后一段跟前一段怎么连上的，某一句跟前面哪一句有关系，某几段从前面哪一段分派出来的，诸如此类，全都辨一辨，想一想，这就是所谓自觉地注意思路的开展的具体办法。

现在咱们看一看这一篇文章，算是举个实例。有了实例，大概能明白了。

这一篇共有五段。现在看第一段。第一段开头说"语文是人类交流思想的工具"，咱们就知道这一篇以说明语文的性质为思想的出发点，接下去说"它包括阅读和写作两个方面"。"它"

称代"语文"，也就是"语文包括阅读和写作两个方面"。仔细一想，语文本身无所谓阅读和写作两个方面，人类运用语文来交流思想才有阅读和写作两个方面。作者没想准，应该说"运用语文包括阅读和写作两个方面"才对。前面说语文是什么，接着说运用语文，意思承贯，连得很紧。以下假设三项事例，说（一）领会党的指示和政策，（二）日常生活中如看戏听曲艺等事，（三）日常跟人家谈话，都得有一定的语文知识才成。前面说到运用语文，这三项事例都说明运用语文得有一定的语文知识，是推进一步想。这儿还有两点须得辨一辨。一点是"作为一个国家干部……"跟上文怎么联系起来的。咱们知道作者是个国家干部，他就本身着想，假设事例来说明运用语文得有一定的语文知识，这就提出了国家干部。虽然就本身着想，可不光指他个人，凡是国家干部都如此，这是可以体会出来的。又一点是三项事例里都提到"语文知识"，这三个"语文知识"是不是同一内容。第一项事例里说领会党的指示和政策，实际就是理解党的各种文件，所以所说的"语文知识"是关于阅读的语文知识。第二项事例里说看戏听曲艺，都是听，听和阅读都要求理解，是同类的事，所以所说的"语文知识"类乎关于阅读的语文知识。第三项事例里说跟人家谈话，说话和写文章都是表达，是同类的事，所以所说的"语文知识"类乎关于写作的语文知识。固然，关于阅读的语文知识和关于写作的语文知识并非截然不相干的两回事，但是也不能说竟是一回事。所以咱们看到这三个"语文知

识"须得辨一辨。现在再看下去。从前面的三项事例达到一个论点，"每个人都必须具备一定的语文知识，才能更好地工作和生活"。以下从具备一定的语文知识更进一步，说语文水平越高就越善于理解，越善于表达，而善于理解和表达是做好工作的条件。这儿有三点可以商量的。一点是对别人只说"理解别人的感情"，对自己只说"表达自己的思想"。照心理学的分析，人类有种种的心理活动，而照通常的习惯，往往用"思想感情"概括所有的心理活动。因此，无论理解别人的，表达自己的，都该是"思想感情"才见得周全。又一点是说善于理解和表达，"就有更好的条件做好工作"。做好工作的条件很多，不止是善于理解别人的思想感情和善于表达自己的思想感情。这儿固然没有说这是惟一的条件，但是没有带出还有其他条件的意思，就好像是惟一的条件了。如果改为"这是做好工作的条件之一"，那就把还有其他条件的意思带出来了。还有一点可以商量的，前一句说"才能更好地工作和生活"，明明分成工作和生活两项，而这一句说"这是做好工作的条件之一"，只承接了前一句所说两项里的一项（工作），就叫人感觉前后不相配称。猜测作者的想法，或许以为工作最重要，生活是次要的，所以略去生活，光说工作。

到这儿，咱们把第一段看完了。我所说的自觉地注意思路的开展，就是指这样阅读人家的文章，这样检查自己的文章。总之，扣紧思想的路，一步也不放松，前后连贯不连贯，意思周到

不周到，都要仔细考虑；为什么连贯，为什么不连贯，为什么周到，为什么不周到，都要回答得出个所以然。我相信用这个办法练习读和写，练就这样一项基本功，将会一辈子受用不尽。

以下还有四段。说得简略些。

现在看第二段。第二段只有两句话，一句是设问，一句是回答这个设问。前一段末了说到语文水平越高就怎样怎样，那当然应该要求语文水平高。因此，这一段提出"如何才能提高语文水平"，是连得很紧的。不过开头的"可是"用得不合适，因为从意思上揣摩，这儿是顺接上文，用不着表示转接语气的"可是"。回答的一句话里用"阅读能力和写作能力"来替换问句里的"语文水平"，把"语文水平"具体化了，这是好的。整句话的意思是"读写结合是提高语文水平的根本方法"。看到这儿，"读写结合"是怎样结合还不能明白，要看下文才知道。这时候咱们心中产生一种期望，说到"结合"，大概要阐明读和写的关系了。读和写的关系究竟怎样，倒要仔细看看作者的意见，同时把咱们自己平时的想法检查一下呢。

现在把第三第四两段连起来看。这两段主要的意思都在第一句提出来，第三段的第一句说"读是学好语文的基础"，第四段的第一句说"写是学好语文的关键"。"学好语文"相当于第二段里说的"提高语文水平"，这是一望而知的。再看第三段里说打基础是怎么个打法。咱们看到"必须由浅入深，循序渐进"，"一定要多读"，这些都是打基础的方法。"多读"又分为三

点，一要有恒，二要读多种多样的文章，三要读古今中外一切好文章。惟有这样多读，才能有足够的语文知识，"才能提高阅读能力，也才能有条件去提高写作能力"。这就是说，多读的目的在丰富语文知识，提高阅读能力，而写作能力的提高以阅读能力的提高为条件。第四段开头说"写是学好语文的关键"，咱们已经看过第三段，看到这一句，自然会理解这儿所谓"写"，是在勤读多读的基础上学写。同时咱们不能不注意"关键"这个词，读是基础，写是关键，关键是最关紧要的地方，可见作者所谓学好语文，最紧要的是学好写作。连着上文看，可以知道这里头暗藏着一层意思，阅读只是一种手段，学好写作才是目的。是不是这样呢，后边再讨论，现在且往下看。下边说语文是一门学问，也是一种技能。说语文是一种技能，跟第一段里说语文包括阅读和写作两个方面同样有毛病。语文本身不是什么技能，人类运用语文来交流思想要经过练习，要练习得又准确又纯熟，这才是技能。下边说既然运用语文是一种技能，所以"只懂得写作技巧还不行"，必须练习，"通过长期实践"，才能掌握那写作技巧，运用那写作技巧。以下以骑车打比方，光懂骑车的道理不行，得真个去骑，练得纯熟，才不会摔下来。看到这儿，咱们进一步了解第三段里所说的勤读多读那些方法，目的只在懂得写作技巧，别无其他。懂得写作技巧是为练习写作做准备。练习写作的目的在掌握写作技巧，运用写作技巧。咱们又发现，"练习"这个词只用于写作方面，没看到用于阅读方面，就不能不想，作者所认

为的"练习"只是动笔写作，阅读方面似乎没有什么练习的事
了。以下说练习写作的具体办法，"由浅入深"，"从写生、写
日记入手"。经过长期练习，"才能把学到的知识变成自己的，
才能得心应手想写什么就写什么"。这儿有两点可以想一想。一
点是所谓"学到的知识"指什么。从第三段和本段一路看下来，
可以断定指的就是写作技巧。又一点是掌握了写作技巧，是不是
能够"想写什么就写什么"。关于这一点，留到后边讨论。

　　现在看第五段。这一段承接第三第四两段，开头提出读和写
相辅相成。接下去分两层，只读不写不行，只写不读更不行。只
读不写会得到什么后果呢？"眼高手低"，"还是写不出好文章
来"。随即重复用已经用过的比方，拿不能好好儿骑车来比写
不出好文章。这儿有一点可以注意，忽然出现了"写作理论"，上文
没有提起过"写作理论"。仔细揣摩，这个"写作理论"就是上文
的"写作技巧"，不过换了个说法。我要特别说一句，这样换个
说法是不好的，"写作技巧"是一个概念，"写作理论"是另外
一个概念，不能随便替换。只写不读为什么更不行呢？"没有足
够的基础知识，不懂得写作技巧"，不可能写出好文章来。随即
重复用第三段里用过的比方，拿没有基础造不起大楼来比不懂得
写作技巧写不出好文章。看到这儿，咱们就要想，只读不写，写
不出好文章，只写不读，同样是写不出好文章，为什么只写不读
"更"不行呢？咱们还要想，本段开头提出读和写要相辅相成的
说法，按"相辅相成"的意思，不就是说读有利于写，写也有利

于读吗？而接下去说的是读了还得写，只读不写不行，必须在读的基础上写，只写不读不行，这不是偏在读有利于写一面，没顾到写也有利于读一面吗？这不是不成其为"相辅相成"吗？现在看末了一句，走到了思路的终点，照应到第二段里提出的论点，说惟有读写结合，阅读能力和写作能力才会逐步得到提高。方才看完第二段的时候，咱们说过"读写结合"是怎样结合还不能明白，现在完全明白了。要读又要写，读是为了写，就是这样的结合。

这一篇文章不满一千字，咱们扣紧作者思想开展的路阅读，一步也不放松，现在总算把作者所想的所说的摸清楚了，真正摸清楚他是怎样想怎样说的了，不只是知道他大概想些什么说些什么了。达到这个地步，才叫做理解——真正的理解。有了真正的理解，才能进一步考虑，作者的意见对还是不对，或者有对有不对。对的就信从它，不对的就批驳它。要是理解得不很清楚，只是朦朦胧胧地理解，那么说它对或者不对都可能并不正中要害，成为无的放矢。所以阅读首先要求达到真正的理解。而达到真正的理解，自觉地注意思路的开展是重要方法之一。再说检查咱们自己写的东西或者斟酌人家写的东西，看它妥当不妥当，完整不完整，要不要修改，要修改又怎样修改，怎样检查，怎样斟酌呢？也无非像阅读一样，看它从哪儿出发，怎样一步一步往前走，直到它的终点，凡是脱空一段的地方或是走上歪路的地方，就是要修改的地方。这关涉到全篇的中心意思，所谓检查和斟酌，主要的着眼点应该放在这上头。其次才看用词用语是不是妥

129

适，前后照应是不是顺当。所以自觉地注意思路的开展又是改作的重要方法之一。

下面根据阅读这一篇得到的理解，咱们来讨论这一篇的想法和说法。第一段里说运用语文包括阅读和写作两个方面，接着假设三项事例，第一项是关于阅读方面的，第二项是类乎关于阅读方面的，第三项是类乎关于写作方面的，用来证明人人都必须具备一定的语文知识才行。以下说语文水平越高，越能正确地理解别人的思想感情，越能正确地表达自己的思想感情，这是做好工作的条件之一。正确地理解别人的思想感情是阅读方面的要求，正确地表达自己的思想感情是写作方面的要求。可见在第一段里，作者是把阅读和写作看做对等的两回事的。可是以下就不然了。第二段提出"读写结合"，第五段提出读和写"相辅相成"。怎样"结合"呢？怎样"相辅相成"呢？回答就是第三第四两段开头的两句话，"读是学好语文的基础"，"写是学好语文的关键"。这就不是把阅读和写作看做对等的两回事了，是把善于写作看做学习语文的目的，而把阅读看做达到善于写作的手段了。换句话说，阅读是为了写作。咱们还可以回上去辨一辨第一段末了一句"也越能正确地表达"的"也"字。如果这个"也"字表示"越能正确地理解"那就"越能正确地表达"的意思，语气侧重在表达方面，那么在第一段的这句话里就露出苗头，认为学好写作是目的，阅读只是手段了。这样看来，这一篇的中心意思是学习语文的目的在达到善于写作，而阅读是达到这

个目的的手段。

　　咱们不妨凭实际的经验想一想，善于写作固然是咱们学习语文的目的，可是阅读仅仅是达到这个目的的手段吗？善于阅读不也是学习语文的目的吗？

　　小学中学都有语文课程。语文课程教学生阅读课本，通过阅读课本培养他们的阅读能力，也就是理解能力，目的在达到能够独立阅读跟他们的程度相适应的书籍报刊。语文课程教学生练习作文，通过练习作文培养他们的写作能力，也就是表达能力，目的在达到能够自由写作工作中生活中需用的文章。阅读和写作是对等的两回事，各有各的目的，这是很清楚的。说两回事，是从各有各的目的来的。说对等的两回事，并不等于说彼此不相干的两回事，这是应该辨明白的。阅读自有它的目的，主要在真正地理解所读的东西，从而得到启发，受到教育，获得间接经验，从而提高觉悟，丰富见识，使咱们得以在革命和生产中很好地贡献力量。请想一想，咱们阅读文件、阅读书籍报刊，不正是为了这样的目的吗？阅读要达到真正地理解的地步，是要经过练习的。笼统看一两遍，决不会真正地理解。必须认真地辨析词义、句意和语气，像我刚才所说那样地注意作者思路的开展，该翻查工具书或是参考书就不惮烦地翻查，才能达到真正理解的地步。这是一种技能。凡是技能，惟有在实践中才能练就。所以阅读的技能要在阅读各种文件或是书籍报刊中练习。练习阅读不只是练习写作的手段，练习阅读自有它的目的，如刚才所说的。

刚才咱们仔细看这一篇文章，理解到第三段末了一句的"语文知识"，第四段末了一句的"学到的知识"，第五段的"写作理论"和"基础知识"，实际上都是指"写作技巧"。作者认为勤读多读就只为懂得写作技巧，给练习写作打基础。这个想法不全面。咱们学习毛主席著作，难道只为学习写作技巧，给练习写作打基础吗？当然不是。这就可见这个想法不全面。如果换个想法，阅读任何文章，主要在得到启发，受到教育，获得间接经验，等等，而在真正地理解的同时，咱们对文章的写作技巧必然有所领会，可以作为练习写作的借鉴，那就想得比较全面了。"主要在得到启发，受到教育，获得间接经验，等等"，这是认清了阅读的目的。"同时对文章的写作技巧必然有所领会，可以作为练习写作的借鉴"，这是认清了阅读跟写作的关系。由此推出一个论断，阅读和写作是对等的两回事，可不是彼此不相干的两回事，认真阅读有助于练习写作。还有一点可以考虑的，为什么说"借鉴"而不说"榜样"或是"范例"呢？人家写文章表达人家的思想感情，咱们写文章表达咱们的思想感情，彼此的思想感情不会完全相同，因而彼此的表达方法（就是写作技巧）也不会完全相同。如果死死咬定，一切要以人家的表达方法为榜样或是范例，很可能走上形式主义的道路，结果人家的表达方法是学像了，却不能恰当地表达出自己的思想感情。以人家的表达方法为借鉴就不然。借鉴就是自己处于主动地位，活用人家的方法而不为人家的方法所拘。为了恰当地表达思想感情的需要，利用人

家的方法不妨斟酌损益，取长去短，还可以创立自己的方法。志愿认真练习写作的人不是应当抱这样的态度吗？

这一篇第三段里说多读，分为三点。三点的第二点说要读有关写作技巧方面的书，要读多种多样的文章，第三点说要读古今中外一切好文章，这样多读才能了解更多的语文知识，也就是更多的写作技巧。咱们已经讨论过，阅读的主要目的不在于学习写作技巧。现在退一步，光就学习写作技巧一方面想，要花这么多工夫，要读这么多书籍和文章吗？写作技巧果真是那样繁复多端，非广收博采就学不周全吗？花了这么多工夫，读了这么多书籍和文章，繁复多端的写作技巧学到手了，写作就有了足够的依靠，可以保证无往而不利吗？按实际说，花这么多工夫，读这么多书籍和文章，那是很难办到的。如果写作技巧一定要照样办到之后才能学到手，也就很难学到手了。按实际说，写作技巧也并不怎么繁复，扣准自己的用意来写是要注意的，怎样针对读者打动读者是要注意的，表达得准确是要注意的，通篇连贯有照应是要注意的，当繁即繁当简即简是要注意的，大概不过这么些事儿吧。按实际说，写作技巧仅仅是技巧而已，而写得好不好，不是光看技巧好不好，主要是看内容好不好。这样一想，可见这一篇第三段的想法是不切实际的。过分强调了写作技巧的繁复，过分强调了写作技巧的作用，几乎把学习写作技巧看成学习写作的惟一的事，看成学习语文的惟一的事了。

第四段末了说，经过长期练习，把所学的写作技巧变成自己

的，才能得心应手，想写什么就写什么。过分强调写作技巧的作用，自然会达到这样的论断。实际情形是不是这样呢？咱们知道，作为一个国家干部，写各种性质的文件；作为一个文艺工作者，写各种体裁的作品，都必须深切体会党的方针政策，都必须深入实际，得到真实的经验和明确的观点，这是主要的，根本的，然后运用适当的写作技巧，才能写成好文件好作品。不顾主要的，根本的，光凭所学的写作技巧，怎么能想写什么就写什么呢？如果套用"唯武器论""唯成份论"的说法，这可以说是"唯技巧论"了。"唯技巧论"不切实际，对认真练习写作是有妨碍的。

说到这儿，这一篇可以讨论的地方说完了。刚才理解原作的时候，在有些地方曾经说过，按照原作的意思，要改为怎样说才妥当，如第一段第一句的"它"字改成"运用语文"才对，第一段的末了要说成"这是做好工作的条件之一"，意思才见得周到。这一篇的中心意思，我是有不同意见的，这些意见都说了。我不能把自己的意见强加于人，因而不能依据自己的意见修改这一篇。至于一个词一个句的修改，以前几回做得多了，这一回不再做。希望诸位自己推敲。

我诚恳地请求诸位，包括写这一篇的同志在内，各自依据学习经验，本着独立思考的精神，认真考虑我所说的意见。对还是不对，或者哪一点对哪一点不对，都得出个确切的答案。这是认识方面的事，同时是实践方面的事。咱们要学好语文，必须好好考虑才行。

我再评改一篇文章，题目是《最近半年工作情况汇报》。全文分十三段。第一段说自己担任的工作，第二段说批改"大作文"，第三段说"大作文"的次数和题目，第四段说明出这些题目的用意和要求——"看题作文"，第五段说"看文批改"，第六段说自我要求——"看文批改"的注意之点，第七段说"批"，第八段说怎样写总批和写总批的效果，第九段列举七则批语，第十段说这些批语的毛病和毛病的原因，第十一段提出今后的保证，第十二段向领导上提出两点建议，第十三段是结束语。程序比较自然，是按照思考的次序写的。现在一段一段地评改。

评改《最近半年工作情况汇报》*

第一段

这半年①，领导上分配②我担任初中三年级两个班的语文教学③。经常所做的工作，主

＊ 原载一九六三年六月《语文学习讲座》第八辑。

要有以下三个方面：

一、课堂教学；

二、批改作文（包括"大作文"和"小作文"）；

三、指导学生课外阅读④。

评　改

①开头说"这半年"，稍嫌突兀，可以照题目改成"最近半年"，或者改成"这个学期"。

②"领导上分配"五个字去掉。文章既然是写给领导上看的，这五个字就不必说了。

③"担任……教学"，一般不这么说，要说就得说"担任……教学工作"。我把"担任"改为"教"，把"教学"改为"课"，这是最通常的说法。

④"经常所做的工作……指导学生课外阅读"，这里不必"一、……二、……三、……"分开来说。这种分项分行的格式用于叙述比较繁复的事项的场合，目的在使眉目清楚。这里所说的事项很简单，用不着分项分行写。括弧里的"大作文"和"小作文"是行话，同行间口头说说当然没有什么，写书面文件，最好换个正当的说法。

全段改为：

　　最近半年，我教初中三年级两个班的语文课。经常工作是课堂教学、批改作业（包括"大作文"和"小作文"）、指导学生课外阅读。

第二段

　　关于课堂教学①，关于指导学生课外阅读②，都是同其他老师一样，照例地做着，工作的情况③，也同其他老师的差不多④。因此，在这里，我准备把上述三个方面中的第二个方面，即批改作业方面的情况作为汇报的重点⑤，又以批改"大作文"的情况作为汇报的重点的重点⑥。

评　改

　　①"关于课堂教学"的"关于"去掉，后面的逗号改为"和"字。
　　②"关于指导学生课外阅读"的"关于"去掉，"阅读"后面加上"两方面的工作"。

③"都是……情况"去掉。

④"也同其他老师的差不多"的"也"和"的"去掉，后面的句号改为逗号，加上"不说了"。

⑤"因此……作为汇报的重点"全去掉。

⑥"又以……重点的重点"的"又以"改为"只把"，"情况"改为"工作"，"作为"去掉，"汇报"后面加上"如下"和冒号。"的重点的重点"和句号去掉。

这里把去掉"重点"和"重点的重点"的理由说一说。如果下文对三方面的工作都说到，而着重说批改作业，那就可以说把"批改作业方面的情况作为汇报的重点"。现在下文只说批改一方面的工作，所以不能那么说。既然不能说"重点"，又怎么能说"又以批改'大作文'的情况作为汇报的重点的重点"呢？这些原是作者构思时候的想法，不必说出来。这里说了出来而且说错了，说错的原由在于想错了。

全段改为：

课堂教学和指导学生课外阅读两方面的工作，同其他老师差不多，不说了。只把批改"大作文"的工作汇报如下：

第三段

这半年①，按照规定，每班学生共作"大作文"七次，都是②由老师命题。题目如下③：

一、看群众文艺创作演出后

二、团代会传达报告对我的教育

三、在公社劳动时的见闻

四、我应该这样做

五、新人新事

六、拾金不昧

七、友谊④

评　改

①第一段已经交代过"最近半年"，这里说"这半年"就很顺当了。

②"是"字去掉。

③"题目如下"去掉。

④"一、看群众文艺创作演出后……七、友谊"七个题目全去掉。

第四段

这些题目①，大都是②结合学生的学习、劳动和③生活④等活动来出的⑤。用意在使学生有材料可写，不致"题目到手，不好下手"。而⑥"看题作文"⑦，也就是说⑧要⑨看清楚题目的意思作文，作文的内容要切合题意⑩，是我每次向学生强调之一点⑪，也是我向学生提出的作文基本要求之一点⑫。

评　改

①"这些题目"的"这些"去掉，后面的逗号也去掉，连接在第三段"都由教师命题。"后面。

②"是"字去掉。

③"和"字后面加"日常"两字。

④"生活"后面加逗号。

⑤"等活动来出的。"去掉，加上"例如《在公社劳动时的见闻》《看群众创作的文艺表演》"，后面用逗号。还该举一个跟学习有关的题目，可是七个题目里没有。

⑥"而"字去掉。

⑦"看题作文"后面加上"是我对学生作文的基本要求之一"，后面用逗号。

⑧ "说"字去掉。

⑨ "要"字后面加"他们"。

⑩ "题意"后面的逗号改为句号。

⑪ "是我每次向学生强调之一点"的"是我""向""之"去掉。"每次"移到"学生"后面,"每次"后面加上"作文我都"四字。"强调"后面加上"这"字。"一点"后面的逗号改为句号。

⑫ "也是……一点。"全去掉。

第三、第四两段为什么要并起来?我以为总结、汇报之类不宜写成流水账。某些次要的东西可以概括起来,一笔带过,不必逐一罗列。第三段的七个题目可以不列,只要挑两三个插入第四段的第一句,作为例子,就够了。再说,第九段列举七则批语,每则批语后面注明的作文题目正是这七个,这里就更没有列出的必要了。第三段不列题目,就只有一句话了。第四段的第一句说题目怎么样,正跟"教师命题"紧密连贯,因而两段可以并起来。

原第三段里的第一个题目《看群众文艺创作演出后》要说一说。"群众文艺创作演出",没有这种说法,这八个字的关系很不清楚。大概那些表演的东西全是群众创作的,不是专业人员创作的,那么"创作"要紧接在"群众"后面,说成"群众创作的"。再说,属于"文艺"的音乐、舞蹈、戏曲、相声之类要用一个动词来总说,"表演"比"演出"适当,"表演"后面连上哪一个都

成，说"演出音乐"就不成。因此，"文艺"后面要加上一个由动词转化的名词，也宜用"表演"。"文艺表演"，现在已经通用了。还有，这个题目末了的"后"字可以去掉。读了一本书，看了一回表演，写些意见或者感想，当然在读过看过以后，不交代也不会发生误会。所以我把这个题目改成《看群众创作的文艺表演》。原第四段的第二句话"而'看题作文'……是我每次向学生强调之一点"，层次不清楚，我揣摩作者的意思给改了。

第三、第四两段合并，改为：

这半年，按照规定，每班学生共作"大作文"七次，都由教师命题。题目大都结合学生的学习、劳动和日常生活，例如《在公社劳动时的见闻》《看群众创作的文艺表演》，用意在使学生有材料可写，不致"题目到手，不好下手"。"看题作文"是我对学生作文的基本要求之一，也就是要他们看清楚题目的意思作文，作文的内容要切合题意。学生每次作文，我都强调这一点。

第五段

在向学生提出①"看题作文"②的要求的同时③，我

也向自己提出批改的要求④，其中有一条，我叫做"看题改文"，也叫做"看题批改"，又叫做⑤"看文批改"。

评　改

①"在向学生提出"的"在向"改为"我要求"，"提出"去掉。

②"看题作文"后面加逗号。

③"的要求的同时，"保留"要求"，其馀去掉。

④"我也向自己提出批改的要求"保留"自己"，其馀去掉。

⑤"其中有一条……又叫做"去掉。

全段改为：

　　我要求学生"看题作文"，要求自己"看文批改"。

第六段

根据"看文批改"这一条，我在作文批改中①特别注重

以下四点：

一、立场、观点不正确的，一定要改；

二、错别字一定大力纠正②，一个错别字都不轻视③，也就是说很重视地指出错别字④，要求学生一个一个纠⑤正；

三、用得有问题⑥的词，一定要改；

四、不通的句子，一定要改。

评　改

①"根据……作文批改中"改为"就'改'的方面说，我"。"就'改'的方面说"原文在下一段开头。与其在下一段补说，不如在本段开头就说来得醒豁。

②"一定大力纠正，"去掉。

③"错别字都不轻视，"去掉，"一个"后面加上"也不放过，给学生一一"。

④"也就是说很重视地指出错别字"保留"指出"，其馀去掉。

⑤"要求学生一个一个纠"改为"让他们自己改"。

⑥"有问题"改为"不适当"。

对于这一段所说改作文注意之点的第一点"立场、观点不正确的，一定要改"，我想说一点意见。学生作文，如果立场、观

点不正确，那不是给他一改就能了事的。重要的在于改正他的思想认识，培养他的道德品质，使他不再存这样不正确的想头，不再说这样不正确的话。这就是整个教育工作的事情了，所有教师都该留意，班主任尤其要负责任。对于作文本上不正确的话，写个眉批也好，找那个学生来谈谈也好，总之要让他自己考虑，这样想这样说是否妥当，如果不妥当，为什么会这样想这样说。教师给他改，不如让他考虑一番之后自己改。他能改得比较正确，思想认识至少有点进步了。

全段改为：

就"改"的方面说，我特别注意以下四点：

一、立场、观点不正确的，一定要改；

二、错别字一个也不放过，给学生一一指出，让他们自己改正；

三、用得不适当的词，一定要改；

四、不通的句子，一定要改。

第七段

以上是就"改"的方面说。再①就"批"的方面说，我

②对于③总批和眉批④是同时使用的⑤。而且⑥着力⑦写好总批。这不要说我已经把总批写好了，而是说我本来是想写好总批的⑧。下边我着重就写总批问题谈两点。

第一，我是怎样考虑准备写总批的；

第二，我写过什么样的一些总批⑨。

评 改

① "以上是就'改'的方面说"。 "再"去掉。

② "我"字后面加上"同时使用"。

③ "对于"去掉。 "对于……是……的"这种句式能不用最好不用。这里说"同时使用总批和眉批"又简单又明了。

④ "眉批"后面加上逗号。

⑤ "是同时使用的。"去掉。

⑥ "且"字去掉。这里语气转折，不能用"而且"。用"但是"嫌转折语气太重，用"而"字就够了。

⑦ "着力"后面加上"于"字。

⑧ "这不是说……总批的"全句去掉。说"着力于写好总批"本来只表示意愿，并没有已经写好了的意思。

⑨ "下边……谈两点：第一、……第二、……"这也是构思时候的想法，如果下文相当繁复，不妨先提一提，使看的人醒

目，现在下文很简单，尽可不说。

全段改为：

就"批"的方面说，我同时使用总批和眉批，而着力于写好总批。

第八段

现在先谈第一点①。

我写总批时②，首先③考虑到要④切合实际，有的放矢⑤；其次，考虑到要⑥使学生感觉⑦到确有帮助⑧；再次⑨，我每写一个总批，都先要做准备：（1）总是把批改的这篇作文再加以细看一遍之后才写；（2）先把总批写在一个"总批草稿"本上，斟酌之后才写在作文⑩上面。

虽然做过⑪这样的考虑和准备，但是⑫，由于自己的水平不高，又少经验，实际上，说得上写好了总批吗？⑬每次把作文卷⑭发下去之后，我也⑮有意地去征求学生的意见⑯，学生的反映⑰，总而言之⑱不外三种情况：（1）有的说"没啥意见"⑲（2）有的说的很妙⑳："有意见，说不出来，"㉑（3）有的说"每次的批语不都是差不多吗？没意见"。从这

些反映中，使㉒我感到我所写的总批㉓。没有起什么作用。于是我对自己所写的总批的价值也高度的怀疑了㉔。

评　改

① "现在先谈第一点。" 去掉。

② "时" 字去掉。

③ "首先" 去掉。

④ "要" 字去掉。

⑤ "有的放矢" 后面的分号改为逗号。

⑥ "其次，考虑到要" 去掉。

⑦ "觉" 字去掉。

⑧ "确有帮助" 后面的分号改为句号。

⑨ "再次，" 去掉。

⑩ "作文" 改为 "作文本"。

⑪ "过" 改为 "了"。

⑫ "但是" 后面的逗号去掉。

⑬ "实际上" 后面的逗号去掉。"说得上写好了总批吗？" 改为 "还是没有把总批写好"，并加上句号。这里应当直说，不适用反问。

⑭ "卷" 改为 "本"。

⑮ "也"字去掉。

⑯ "征求"改为"询问"。"意见"后面的逗号改为句号。

⑰ "反映"后面的逗号去掉。

⑱ "总而言之"去掉。

⑲ "没啥意见"后面加上分号。

⑳ "说的"改"说得","很妙"后面的冒号改为逗号。

㉑ "有意见,说不出来"后面的逗号改为分号。

㉒ "使"字去掉。

㉓ "总批"后面的句号去掉。

㉔ "于是我……,怀疑了。"全句去掉。

这一段的改动,有几处可以注意的。"首先……其次……再次"用于叙说内容比较繁复的场合,这里意思很简单,用不着这么说。"总而言之不外三种情况",说"不外"就含有"总而言之"的意思,所以"总而言之"可以去掉。"从这些反映中,使……",这个"使"字用得很不妥当。要用"使"字,就得让"反映"做主语,说成"这些反映使我感到……"。这里"反映"并非主语,"从这些反映中"跟"感到"发生关系,表明"感到"的来由,换个说法,就是"我从这些反映中感到……",可见"使"字是无论如何用不上的。既然断定总批"没有起什么作用",就不必说什么"怀疑"了,所以把下一句去掉。去掉的一句里说"高度的怀疑",习惯上没有这个说法。

全段改为：

　　我写总批，考虑到切合实际，有的放矢，使学生感到确有帮助。我每写一个总批，总要先做准备：（1）总是把批改的这篇作文再细看一遍之后才写；（2）先把总批写在一个"总批草稿"本上，加以斟酌之后才写在作文本上面。虽然做了这样的考虑和准备，但是由于自己的水平不高，又少经验，实际上还是没有把总批写好。每次把作文本发下去之后，我有意地去询问学生的意见。学生的反映不外三种情况：（1）有的说"没啥意见"；（2）有的说得很妙，"有意见，说不出来"；（3）有的说"每次的批语不都是差不多吗？没意见"。从这些反映中，我感到我所写的总批没有起什么作用。

第九段

　　关于第二点，我写过一些什么总批语，现在分别不同的作文题①，抄几则作为例子，以供研究。

　　批语一：

　　"评论正确，观点鲜明，观察较具体。文章结构完整，有头有尾，有事实②，有说明，也有作者自己的感情。只是

对节目的评论，还没有把这种美作更细致地描绘③。"（作文题"看了群众文艺创作演出后④"）

批语二：

"全篇论述清楚，有你自己的感情，可见对报告领会较深⑤，但⑥谈到你自己过去不够的地方，不具体，应该具体些⑦，不然，自己是模糊的⑧。"（作文题"团代会传达报告对我的教育"）

批语三：

"条理清楚⑨。写了整个劳动场面，又分别写了几个人物，但⑩这几个人物的特点不够突出。"（作文题"在公社劳动时的见闻"）

批语四：

"题材很好。人物很可爱⑪。结构上⑫严密，用倒叙法很自然⑬说明了故事的发生⑭。"（作文题"我应该这样做"）

批语五：

"对所写的人物，有重点，有感情，有批判⑮。以后写这类文章还可就人物的思想活动着重地写。"（作文题"新人新事"）

批语六：

"文章反映出拾物儿童思想的新面貌。失物者的焦急和感激心情，也写得很生动。但在细节描写方面还不够，影响

了故事的生动⑯。"（作文题"拾金不昧"）

批语七：

"开始⑰一段写得细致，但是，的确⑱用不着这样下工夫。描写是为了表现主题，不能为描写而描写，那就是形式主义⑲。"（作文题"友谊"）

评　改

①"关于第二点……作文题，"改为"现在把我写的总批"。

②看来这篇作文是评论文艺表演的，这里说的"事实"，大概是记叙了表演节目里的情节的意思。如果猜测得不错，"事实"改为"记叙"比较切当。

③"只是对节目的评论……细致地描绘。"这句话里的"评论"和"描绘"不相应。假如是"评论"，就应说理，用不着"描绘"。假如"描绘"了，就不是"评论"了。"这种美"指的是什么，也不清楚。所以全句去掉。

④改为《看群众创作的文艺表演》。此外六个作文题，引号一律改为篇名号。

⑤"领会较深"后面的逗号改为句号。

⑥"但"改为"但是"。

⑦"不具体，应该具体些"，去掉"不具体"。单说"应该具体些"，"不具体"的意思包含在内了。"具体些"后面的逗号改为句号。

⑧"不然，自己是模糊的"，意思没表达清楚，去掉。实际上正是自己模糊，所以不能谈得具体。

⑨"条理清楚。"移到"又分别写了几个人物"之后，总承写场面写人物两项，"条理"就是这两项的条理。

⑩"但"字这样用法是常见的，语气来个转折，表示美中不足。不过也不一定要用"但"字，譬如这里，用上"可惜"，也表出美中不足的意思了。因此我把"但"字改为"可惜"。

⑪"人物很可爱"之前加上"所写的"三字，意思比较明确。

⑫"上"字去掉。

⑬"很自然"的后面加上"地"字。

⑭"发生"改为"开端"。

⑮"对所写的人物"，说"有感情"，可以，说"有批判"，可以，说"有重点"，不行。"有重点"跟"对所写的人物"搭配不上。把"对所写的人物"改为"写人物"，就跟"有重点""有感情""有批判"都搭配得上了。

⑯"但在细节描写方面还不够，影响了故事的生动。"这句话跟"你擦得太马虎，影响了桌子的干净"一样，似乎明白，实际不明白。"影响了故事的生动"，究竟是生动还是不生动

呢？全句改为"如果在细节描写方面多下些工夫，故事会更生动些。"这样就很明白，跟前面的话也连贯了。

⑰"开始"改为"开头"。

⑱"但是"后面的逗号和"的确"两字去掉。

⑲"不能为描写而描写，那就是形式主义"，这里的"那"字用得很不妥当。作者原想用"那"字指代"为描写而描写"，没想到实际上指代了"不能为描写而描写"，跟想要表达的意思正相反。"不能为描写而描写"显然不是"形式主义"。现在改为"不顾主题，为描写而描写，那就是形式主义"，意思对了，"那"字也用对了。对"形式主义"该怎么样呢？总得说一说。因此，后面补上"要力求避免"。

全段改为：

现在把我写的总批抄几则作为例子，以供研究。

批语一：

"评理正确，观点鲜明，观察较具体。文章结构完整，有头有尾，有记叙，有说明，也有作者自己的感情。"（作文题《看群众创作的文艺表演》）

批语二：

"全篇论述清楚，有你自己的感情，可见对报告领会较深。但是谈到你自己过去不够的地方应该具体些。"（作文

题《团代会传达报告对我的教育》）

批语三：

"写了整个劳动场面，又分别写了几个人物，条理清楚。可惜几个人物的特点不够突出。"（作文题《在公社劳动时的见闻》）

批语四：

"题材很好。所写的人物很可爱。结构严密，用倒叙法很自然地说明了故事的开端。"（作文题《我应该这样做》）

批语五：

"写人物有重点，有感情，有批判。以后写这类文章还可就人物的思想活动着重地写。"（作文题《新人新事》）

批语六：

"文章反映出拾物儿童思想的新面貌。失物者的焦急和感激心情，也写得很生动。如果在细节描写方面多下些工夫，故事会更生动些。"（作文题《拾金不昧》）

批语七：

"开头一段写得细致，但是用不着这样下工夫。描写是为了表现主题，不顾主题，为描写而描写，那就是形式主义，要力求避免。"（作文题《友谊》）

第十段

　　现在再看这些批语，自己也①觉得有不少问题，最主要的问题是话说得又像清楚，又像不清楚，为什么发生这样的问题呢？主要的原因：一是我的想法不对头，每次写批语时总想着②：既是老师，既是批语③，就要写得"高明"一些，让学生说声"好"，因而写的时候，不是自自然然地写，而是有点"做作"④，结果反而弄巧成拙；二是究竟应该怎样写批语，在思想上很不明确⑤。

评　改

　　①"自己也"三字去掉。"再看"的也是自己，不说："自己再看"并不见得不明白，足见"觉得"的前面不必说"自己"。用上"也"字是表示已经有人觉得这些批语有不少问题了，可是在这份汇报里并没提到这一点。

　　②"每次写批语时总想着"改为"每次写批语总是这样想"，后面的冒号改为逗号。

　　③"既是老师，既是批语"改为"既是老师的批语"。

　　④"因而写的时候……有点'做作'"改为"因而写得有点'做作'"。

⑤"在思想上很不明确"，这个说法很通行，其实是累赘的套语。凡是有关理解和认识的事情都属于思想方面，不说也明白，说"思想上想通了"，"思想上不明确"，有什么必要呢？因此，去掉"在思想上"四字，加上个"我"字。

全段改为：

现在再看这些批语，觉得有不少问题。最主要的问题是话说得又像清楚，又像不清楚。为什么发生这样的问题呢？主要的原因：一是我的想法不对头，每次写批语总是这样想，既是老师的批语，就要写得"高明"一些，让学生说声"好"，因而写得有点"做作"，结果反而弄巧成拙；二是究竟应该怎样写批语，我很不明确。

第十一段

由于上述问题的存在①，已使作文②批改工作受到不好的影响。为了改进今后的批改工作，我准备努力③逐步做到两点④：（1）写批语时，把话说得清清楚楚，（2）写批语时，把话说得自自然然⑤。

评 改

①"由于……的存在"，这个说法也很通行，其实也是累赘的套话。让"问题"，做主语，只说"上述问题"，又干脆又清楚。

②"作文"两字去掉。

③"努力"后面加上逗号。

④"两点"和后面的冒号去掉。

⑤"（1）写批语时……（2）写批语时……"这里还要分为两项，太没有道理了。改为"把批语写得清清楚楚，自自然然"。

全段改为：

上述问题已使批改工作受到不好的影响。为了改进今后的批改工作，我准备努力，逐步做到把批语写得清清楚楚，自自然然。

第十二段

为了有效地改进批改工作，谨提出以下的建议：

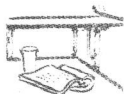

一、由学校每学期①组织一次作文批改经验交流会，特别②是同年级教师批改经验交流会，通过交流③，研讨批改中的问题，想出改进批改的办法；

二、请领导上定期抽查教师批改的作文，指出优点和缺点，特别是指出缺点，帮助教师改进批改工作。

评　改

①"每学期"移到"由学校"的前面。表示时间的词语，一般都放在前面。

②"特别"改为"最好"。

③本来在说"经验交流会"，"通过交流"不用说了。

全段改为：

为了有效地改进批改工作，谨提出以下的建议：

一、每学期由学校组织一次作文批改经验交流会，最好是同年级教师批改经验交流会，研讨批改中的问题，想出改进批改的办法；

二、请领导上定期抽查教师批改的作文，指出优点和缺点，特别是指出缺点，帮助教师改进批改工作。

第十三段

半年来①，我的工作情况，就这样简略地汇报如上②，其中问题可能很多，最后提出的两点建议③，也未必恰当，并④请领导上予以指示。

评　改

①"来"字后面的逗号去掉。

②"我的工作……汇报如上"改为"我的工作情况如上"。第二段末了说过"汇报如下"。这里不必再说"汇报如上"。

③"建议"后面的逗号去掉。

④"并"改为"一并"，总说"汇报"和"建议"。

全段改为：

半年来我的工作情况如上，其中问题可能很多，最后提出的两点建议也未必恰当，一并请领导上予以指示。

这份汇报有两个优点：一是层次清楚，段与段衔接得还顺当；二是态度老实，把自己批改作文的情形、所写的批语、学生

对批语的反映都老老实实地写出来。全篇经过修改，比较通顺简明了，但是只能说是一份极普通的汇报。

这是语文教师的一份工作汇报。语文教师的工作有三方面，汇报没有谈到课堂教学和指导学生课外阅读两方面，只谈批改作业的工作。"作业"的含义比"作文"广，汇报只谈批改作文，因而批改作业的工作也没有谈得全面。关于改作文，只列出四个"一定要改"的原则，没有举出实例，不能叫人知道改得怎样，提出的四个原则究竟贯彻了没有。关于批作文，说了"同时使用总批和眉批"，就用"而着力于写好总批"的话转到总批方面，把眉批撇开了，怎样写眉批就不谈了。关于写总批，说得比较详细，先说自己对写总批怎样考虑，怎样准备，然后说学生对总批的反映，自己从学生的反映中感到总批"没有起什么作用"。以下举七个总批为例，自己承认这些总批有问题，发生问题的主要原因，一是写得有点"做作"，二是自己很不明确怎样写总批。总之，这份汇报只说了这样的意思，最近半年着力于写总批，可是没有起什么作用，也就是没有收到什么效果。

写汇报的目的，当然不只是说工作没有做好，没有收到什么效果，重要之点还在往后怎样改进工作。这份汇报提出改进工作的保证，确是必要的。可是保证只就写好批语说，不从作文教学的根本方面着想，不研究批改到底是怎么一回事，改进的话就不免落空。学校训练学生作文，目的在使他们学会写文章的本领，这种本领一辈子需要，做任何工作都需要。要使他们学会这种本

领，就得引导他们在构思、选材、谋篇、分段、造句、用词等方面下工夫，不断地练习，养成良好的习惯，无论写什么都能表达得准确清楚。阅读教学训练学生读书，本来要引导他们留意这些方面，写作教学的指导和批改也离不开这些方面。所谓批，无非向学生说几句提示的话，引导他们自己去思考，该怎样想才对，该怎样写才好。如果能当面给他们说，不妨当面给他们说，说了就不用批了。所谓改，无非给学生示范，那样想不合适，那样写不妥当，一定要这样想这样写才对头。既是示范，自然希望他们逐渐能够辨别哪里不合适不妥当，逐渐能够决定该怎样想怎样写才对头。可以这样说，给学生批改，目的在使他们达到自己能够批改的地步，自己能够批改了，无论写什么就比较稳当了。打个比方，这情形有点像教小孩走路，一面要留心扶着他，一面要准备放手，先是放一点，到末了完全放手。各科教学工作和整个教育工作都如此。总括一句话，尽心尽力地教，目的在达到不需要教。学生真正不需要教了，这才是教学工作和教育工作的大成功。所以语文教师的责任并不是专为学生讲书和批改作文。尽到责任还要推进一步，讲书要达到不需要讲，学生自己能够读书，批改作文要达到不需要批改，学生自己能够认真下笔，完稿之后又能够斟酌修改。假如不明白这些，只认为写批语是作文教学特别重要的事，没有认清写批语究竟为了什么，虽然有改进工作的愿望，实际上工作不会有什么改进，愿望就不得不落空。

退一步说，要写好批语，也得有具体的办法。譬如研究遇到

162

什么情形才须批几句提示的话；考虑怎样说话才能鼓励学生，启发学生；自己加强语文训练，表达一定要准确清楚，造句用词绝不马虎，以身作则，给学生好影响，这些都是办法。没有什么办法，只是空口保证说"我准备努力，逐步做到把批语写得清清楚楚，自自然然"，这个保证能不落空吗？

根据上述几点，所以说这是一份极普通的汇报。

这份汇报中提出的两点建议比较切实。如果领导上采纳了，自然有好处。可是就作者说，改进工作的希望似乎不应该主要寄托在经验交流会和领导的帮助上。改进工作的有效办法还在于自己努力进修，认清语文教学的目的，研究语文教学的方法，在实际教学中不断试验，不断改进，逐步提高教学质量，总要使学生真正受到益处，学到本领。这样来要求自己，才是根本的途径，可靠的保证。

以上说的认清目的、研究方法、试验改进、提高教学质量，都属于认识和经验，不是写作技能方面的事。写任何东西决定于认识和经验，有什么样的认识和经验，只能写出什么样的东西来。对写作教学没有多少认识和经验，汇报里当然不会写出认识和经验来。认识和经验，从前叫做"蕴蓄"，现在通常说"内容"。没有蕴蓄或内容，写作技能虽好也写不出像样的东西来。假如有一个人，他写作技能很不错，可是没有参加过某项工作，或者参加了而并不深入，不知道这项工作的优点和缺点、经验和教训，他一定写不来这项工作的总结。当然，他可以勉强写一

份，但是勉强写的总结决不能起推进工作的作用，决不能称为好的总结。推广开来，如果没有彻底明白某件事情的前因后果，中间复杂曲折的过程，写作技能虽好，也不能把这件事情写好，使人看了知道详细的内容。又如写有关社会科学或自然科学的论文，如果对所说的道理只懂得一点皮毛，并没有深究，写作技能虽好，也不能把道理说清楚，使人读了得到益处。再如从事文艺创作，如果没有丰富的生活经验，没有深入到火热的斗争中去，写作技能虽好，也写不出富有感染力的作品来，使人读了受到教育。总之，无论应用文（总结、汇报之类），记叙文（报道、特写之类），论说文（议论说理文章），文艺作品（小说、诗歌、戏剧之类），都决定于蕴蓄或内容，光靠写作技能是不济事的。蕴蓄或内容从实践中来，从各方面的斗争中来，这是大家知道的，不须多说。

现在要问，既然蕴蓄或内容重要，是不是写作技能就不重要？咱们在这里评改文章，谈写作技能的重要，是不是近于形式主义？要知道内容决定形式，而形式是内容的定型。内容就是认识和经验，刚才说过了。形式是什么呢？形式就是说出来的话，写下来的文章。有什么样的认识和经验，话里文章里就只有这些认识和经验，不会有其他，这就是内容决定形式。所谓内容决定形式还有其他意义，我说的是很重要的一个意义，其他不说了。咱们所有的认识和经验大多是比较散乱的，要经过一番整理组织，去芜存精，使它形成一个比较完整而精炼的定型，然后藏

在心灵的仓库里，对自己的学习、工作各方面才更有好处。举例来说，读了几篇论述某个理论问题的长文章，当然增进了很多认识。如果只是从头到尾读几遍，当时似乎全都明晓，过后就会想不周全，得此失彼，这可见所得的认识还是散乱的。假如读过一篇随即把自己的认识整理组织，写一则简明的提要，篇中主要论证了哪几点，是怎样论证的，论据是什么，全篇的思路是怎样发展的，思路这样发展为什么就一一击中了论敌的要害，如此等等，全写在提要里，这就比仅仅读几遍强得多。要写这样的提要，必然有一个深入理解和融会贯通的过程，因而所得的认识比较完整而精炼。写下来的提要就是所得的认识的定型，有了这个定型，掌握和运用都方便。咱们要养成这样一种习惯，讨论过一个问题，经历过一件事情，能够扼要写下来固然最好，不写也要在事后想一通，把这回讨论这回经历想成一串首尾连贯的语言，记在心里。有了这种习惯，认识和经验全都清澈明晰，不致有好似明明白白其实朦朦胧胧的弊病。再说拿认识和经验告诉别人，不是说就是写，短的几句话，长的数千万言，而说成这样，写成这样，都是定型。假如平时早有准备，完美的定型具于胸中，说或写的时候自然不须费什么事。假如自问平时并没有准备，那么说或写之前就得作一番整理组织的工夫，形成一个完美的定型，一不走样，二不凌乱，三不罗嗦，才能真正把自己的认识和经验告诉别人。认识和经验藏在你的头脑里，别人无从知道。别人只能从你说出来的话，写下来的文章，知道你的认识和经验。因

此，定型非常重要。这就是说，说成什么样的话，写成什么样的文章，非常重要。定型不合式，可能使内容走样，可能叫别人完全弄不清内容是什么。所以主旨的确定，材料的选择，段落的组织，词句的运用，都要讲究，一点也不能马虎。讲究这些，诚然是形式方面的事情，然而是为了切合内容而讲究形式，是为了表达内容而形成一个完美的定型。这怎么能叫做"形式主义"呢？

最后，让我们看一遍修改过的全文。

　　最近半年，我教初中三年级两个班的语文课。经常工作是课堂教学、批改作业（包括"大作文"和"小作文"）、指导学生课外阅读。

　　课堂教学和指导学生课外阅读两方面的工作，同其他老师差不多，不说了。只把批改"大作文"的工作汇报如下：

　　这半年，按照规定，每班学生共作"大作文"七次，都由教师命题。题目大都结合学生的学习、劳动和日常生活，例如《在公社劳动时的见闻》《看群众创作的文艺表演》，用意在使学生有材料可写，不致"题目到手，不好下手"。"看题作文"是我对学生作文的基本要求之一，也就是要他们看清楚题目的意思作文，作文的内容要切合题意。学生每次作文，我都强调这一点。

　　我要求学生"看题作文"，要求自己"看文批改"。

　　就"改"的方面说，我特别注意以下四点：

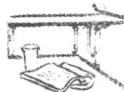

一、立场、观点不正确的，一定要改；

二、错别字一个也不放过，给学生一一指出，让他们自己改正；

三、用得不适当的词，一定要改；

四、不通的句子，一定要改。

就"批"的方面说，我同时使用总批和眉批，而着力于写好总批。

我写总批，考虑到切合实际，有的放矢，使学生感到确有帮助。我每写一个总批，总要先做准备：（1）总是把批改的这篇作文再细看一遍之后才写；（2）先把总批写在一个"总批草稿"本上，加以斟酌之后才写在作文本上面。虽然做了这样的考虑和准备，但是由于自己的水平不高，又少经验，实际上还是没有把总批写好。每次把作文本发下去之后，我有意地去询问学生的意见。学生的反映不外三种情况：（1）有的说"没啥意见"；（2）有的说得很妙，"有意见，说不出来"；（3）有的说"每次的批语不都是差不多吗？没意见"。从这些反映中，我感到我所写的总批没有起什么作用。

现在把我写的总批抄几则作为例子，以供研究。

批语一：

"评论正确，观点鲜明，观察较具体。文章结构完整，有头有尾，有记叙，有说明，也有作者自己的感情。"（作

文题《看群众创作的文艺表演》）

批语二：

"全篇论述清楚，有你自己的感情，可见对报告领会较深。但是谈到你自己过去不够的地方应该具体些。"（作文题《团代会传达报告对我的教育》）

批语三：

"写了整个劳动场面，又分别写了几个人物，条理清楚。可惜几个人物的特点不够突出。"（作文题《在公社劳动时的见闻》）

批语四：

"题材很好。所写的人物很可爱。结构严密，用倒叙法很自然地说明了故事的开端。"（作文题《我应该这样做》）

批语五：

"写人物有重点，有感情，有批判。以后写这类文章还可就人物的思想活动着重地写。"（作文题《新人新事》）

批语六：

"文章反映出拾物儿童思想的新面貌。失物者的焦急和感激心情，也写得很生动。如果在细节描写方面多下些工夫，故事会更生动些。"（作文题《拾金不昧》）

批语七：

"开头一段写得细致，但是用不着这样下工夫。描写

是为了表现主题，不顾主题，为描写而描写，那就是形式主义，要力求避免。"（作文题《友谊》）

现在再看这些批语，觉得有不少问题。最主要的问题是话说得又像清楚，又像不清楚。为什么发生这样的问题呢？主要的原因：一是我的想法不对头，每次写批语总是这样想，既是老师的批语，就要写得"高明"一些，让学生说声"好"，因而写得有点"做作"，结果反而弄巧成拙；二是究竟应该怎样写批语，我很不明确。

上述问题已使批改工作受到不好的影响。为了改进今后的批改工作，我准备努力，逐步做到把批语写得清清楚楚，自自然然。

半年来我的工作情况如上，其中问题可能很多，最后提出的两点建议也未必恰当，一并请领导上予以指示。

我仔细读了一位同志写的《当我在工作中碰到困难的时候》这篇文章，有些看法，跟大家说说，供参考。

先说作文动笔之前，有两件事要注意，一是认定对象，一是辨明用意（或者说"立意"）。作文决非无所为而为。换句话说，就是有的放矢。对象和用意是作文的"的"，认定了，辨明了，要写什么，不要写什么，该这样写，不该那样写，才有依据。换句话说，就是取材和组织才有依据。取材和组织决定文章的好不好。这一点很关重要。

咱们作文都是有所为的，都有一定的对象和一定的用意。练习作文，应该明白这个道理，还要在实践当中养成习惯，不管写什么，首先辨一辨写给谁看，什么用意。这样，实际应用的时候才不至于信笔挥洒，乱跑野马，写成不切用的文章。

练习作文往往由别人出题目，这叫做命题作文。命题作文跟为了实际需要而作文有所不同。为了实际需要而作文，对象和用意早就清楚了，譬

* 原载一九六三年二月《语文学习讲座》第四辑。

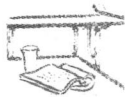

如写信，写给谁，为什么要写，自己全有数。由别人命题练习作文，对象和用意要看见了题目才能考虑。

看见了题目，先要考虑对象和用意。写给谁看？为什么要写给他或他们看？即使并不真给他或他们看，心里可不能不明确地认定。为什么呢？第一，惟有明确地认定了对象，辨明了用意，取材和组织才有依据。第二，这是一种必须养成的习惯，既然练习作文，自然每一回都要这么办，才能养成习惯。

试以这一篇作文为例，我不知道作者是否有意识地考虑过，只能就写成的文章看，对象是谁，用意是什么。假如作者有意识地考虑过，那么他这篇文章不是预备给文工团的同志们看的，是预备给文工团以外的人看的。预备给文工团的同志们看，第一第二两段就用不着。第一段说上级领导要他们去湖南慰问，第二段说到了长沙又到湘潭，这些事文工团的同志们都知道，何必说呢？所以我说是预备给文工团以外的人看的。他写这篇文章是什么用意呢？用意在坦率地告诉人家，他遇到小小的困难，曾经有过畏惧的心情，后来想到自己对领导的保证，想到争取入团，想到革命先烈，想到毛主席，精神振作起来，完成了任务，但是终究感到惭愧。这的确是值得告诉人家的，态度也是可取的。只有一处地方，在第五段中间，他在那里反省，大意说，这回克服困难完成任务，不是为入团创造条件的好机会吗？当时这么想，写的时候照样写下来，也是坦率。但是这个想法很不对头。把入团看作目的，把克服困难的积极表现看作达到这个目的的手段，显

然本末倒置了。正确的想法应当是"我不是正在积极要求加入共青团吗？那就应当拿共青团员的标准来要求自己"。

假如作者动笔之前并不曾有意识地考虑过对象和用意，那么就写成的文章看，对象是谁，用意是什么，都能看清楚，并非无的放矢，乱跑野马，这也是好的。不过我要奉劝作者，往后动笔作文，总要有意识地考虑对象和用意。我再说一遍，咱们作文都是有所为的。

为了实际需要而作文，刚才说过，对象和用意早就清楚了。写得好不好，看作者的政治修养、理论修养、工作经验、生活经验而定。写成的东西决不会超过作者的修养水平和经验范围。由别人命题，那么作文这回事本来是假设的（假设有某种需要而作文），所以刚才说，首先要考虑对象和用意。这就是说，先把对象和用意假设停当，才好根据它来动脑筋。既然是假设，就可以有几种考虑。或以一个人为对象，或以多数人为对象，同样是多数人，或以这批人为对象，或以那批人为对象。至于用意，或在此，或在彼。譬如《当我在工作中碰到困难的时候》这个题目，这篇文章的作者以文工团以外的人为对象，用意在把当时的心理状态告诉他们，但是也可以以文工团的同志们为对象，也可以以某一个朋友为对象，也可以拿这回搬运箱子、布景的事为例，告诉人家他遇到小困难就会萌生畏惧的心情，实在不够坚强，以后必须认真锻炼。假如那样写，就跟这一篇很不相同了。至于别人写这个题目，别人既非文工团的一员，根本没有这回事情，写成

的文章当然跟这一篇完全不同。以上是说遇到一个题目，可以有几种考虑，各人考虑同一个题目，当然各有各的考虑。每个作者在几种考虑中最后决定一种，只能作这样解释，他以为他所决定的是最有可说的，最愿意告诉人家的，这就是他的用意。咱们对这一篇，可以这么说，作者认为当时的心理状态是最有可说的，最愿意告诉人家的，或许作者并没有清楚地意识到。

我所说的看见了题目先要考虑对象和用意，请大家想想，如果认为有些意思，希望随时注意，养成这样的好习惯。

现在就这一篇作文说。这一篇主要把当时的心理状态告诉人家。光说心理状态，人家不明白，一定要连带说当时的种种情形。全篇分六段，按时间先后叙述。现在把这六段的意思简单地说一说。

第一段：建筑文工团要到湖南慰问演出。

第二段：在长沙，作者和四位同志接受突击任务，要把留在长沙的箱子、布景运到湘潭，时间只有一天半。

第三段：在湘江边遇到风雨，不能摆渡，后来风雨停了才摆渡。

第四段：作者呆在开往湘潭的轮船上，又冷又饿，萌生埋怨情绪。

第五段：想到自己的保证，想到争取入团，想到学习革命先烈，感到惭愧。望见湘潭，想到毛主席，劲头又足了。

第六段：到了湘潭，完成任务，领导表扬他们，作者又高兴

又惭愧。

我想作者写这篇文章的用意是要把当时的心理状态告诉人家。就写成的文章看，可以说完成了这个任务。咱们看，第二段末了，接到任务，有完成它的信心和决心。第三段，因为不能摆渡，很着急，感到离开大伙儿工作的困难。第四段，在轮船上的种种想法。第五段，自己反省，自己责问，感到惭愧。望见湘潭，兴奋起来。第六段，一边装台，一边料想当夜演出时候的种种情景而劲头更大，听了领导的表扬，又高兴又惭愧。这样看来，这篇文章把心理状态的变化说得很详细了。而两处提到惭愧，一是萌生畏难情绪而惭愧，一是受到表扬而惭愧，文章就此收住，惭愧还是为了曾经萌生过畏难情绪，这可以说是画龙点睛之笔。妙在这里头有言外之意，人家一揣摩就可以知道。既然有这两次惭愧，往后不将加强实际锻炼，期望做到不怕任何困难吗？如果在"又高兴又惭愧"之下再多说些，往后该怎样怎样，当然也可以，可是嫌说尽了，剥夺了人家揣摩一番的权利了。

以下再说些优点。

第一段第二句"……领导指示我们……一定把戏为工人送上门……"固然是领导的指示，也是全篇的线索。假如不说这句话，就是缺漏。因为下文的着急，引起种种思绪，继之振作精神，提早完成装台工作，都是跟"把戏送上门"有关联的。

第二段从文工团要从长沙赶往湘潭说起，这是好的，因为所遇的困难只是时间短促，又遇风雨，不能从速过江，赶往湘潭。

174

如果说怎样从北京到长沙，怎样在长沙演出，那就是说了不必说的话，浪费笔墨了。

第三段叙述到了湖南大学，把箱子、布景往卡车上装，说"劲头好像比平时大了许多"。这虽是叙述，却可以见到上文所说的"信心和决心"真正产生了力量。

第四段全写低沉的心情。这段末了一句"船外还是一片漆黑，唉！"包含着好些意思。天老是不亮，路那么长，困难像黑暗似地包围在周围，诸如此类的意思全包含在这一句里。

第五段写作者的心情从低沉转到兴奋。转变的过程说得很清楚，一由于反省，二由于望见了湘潭，湘潭是不寻常的地方。末了一句叫同伴们"来吸毛主席故乡的新鲜空气"，兴奋之情跃然如见。就文章说，这一句和第四段的末了一句，都是可以吃双圈的。

第六段写兴奋之情影响到工作。以"又高兴又惭愧"作结，点明写这篇文章的用意，收得住，这很好。

总而言之，这一篇文章是用心写的。取材都适当，层次很清楚。如果不太费工夫而能做到这样，就可以说，作者在取材和组织方面已经比较熟练，养成好习惯了。不过我要老实说，在很多地方，想个意思还不能想得着实，也就是说，不能抓住恰当的词语和句式，把要表达的意思固定下来，因而有不少文句要修改。以下逐段细说。

第一段

一九六〇年的春天，我们"中国建筑文工团"带着中央首长的心意前往湖南省①向战斗在建筑战线的英雄们表示亲切的慰问。我们在离京前②，上级领导指示我们③在这次慰问演出工作中④，一定把戏为⑤工人送上门，使工人能更好更及时地⑥看到演出。

评 改

①"湖南省"的后面加个逗号，因为这句话比较长，说到这里要停顿一下。

②上一句的主语是"我们"，这里的"我们"可以省去。说一种行为的时间，口头不常用"在"字，例如"昨天"，不说"在昨天"，"上个星期"，不说"在上个星期"。"离京前"，我主张加个"以"字，改为"离京以前"。"以前"是两个音节，说起来顺口，听起来顺耳。

③"上级领导指示我们"的后面加个逗号。

④"在……工作中"，"在工作中"四个字可以去掉，去掉了并不损失原意。逗号可以去掉，因为说的时候这里不停顿。

⑤"一定把戏为工人送上门"的"为"字，说的时候是

"给"。

⑥"更好更及时地"跟下面的"看到"关联。什么叫"好地看到"？想不清楚。什么叫"及时地看到"，想不清楚。因而加上"更"字，说"更好更及时地看到"，也想不清楚。是不是什么时候想看戏，马上就能看到，就是"及时地看到"呢？这是无论如何办不到的。如果说约定某月某日某时看戏，到那时刻果真看到了，这该说"准时"，不该说"及时"。所以"更好更及时地"加在"看到"上面是不妥当的。现在改为"使他们看得舒适满意"。把戏送上门就是使他们看得舒适，表演得好就是使他们看得满意。

第二段

当我们在长沙演出结束时①是四月十四日，但②湘潭——毛主席故乡③的建筑工人要求在四月十六日看到我们的演出④，并为了欢迎我们的到来⑤，把生产任务提前了三天完成⑥。这一消息深深地感动了我们这些年轻的演员，但也带来了很大的困难⑦，那就是如何用更短的时间把在长沙湖南大学剧场中的演出布景道具，运到湘潭，然后装台（把灯光布景装到舞台上）⑧。按往常这一工作得用两天的时间，但这次只有一天半的时间了⑨。领导经过研究，把这项

任务交给了我和其它（他）四位同志⑩，于是我们五个人马上研究如何完成这项任务。这是我们几个年轻人第一次脱离大集体而只五个人去进行的⑪，当时我只感到任务的艰巨，但对这项工作也抱了必定的信心和决心⑫。

评　改

①"当"字跟前面说过的"在"字一样，可以不要。"时"字写在纸上没有什么，如果口头念，就不如"……的时候"叫人听得清楚。现在我改为"我们结束在长沙的演出是四月十四日"，"……的时候"也不必用了。

②"但"字我主张不要单用，因为口头通常说"但是"。这里用"但是"不如用"而"字好，用"而"字也是连下去说而带着转折的语气，不过比"但是"轻些，这里宜于轻些。

③"湘潭——毛主席故乡"，照汉语的习惯，应当说"毛主席故乡湘潭"。

④"建筑工人要求在四月十六日看到我们的演出"改为"建筑工人要求我们四月十六日到他们那里演出"，因为"看到"在这里可以有两种理解，一是建筑工人要"我们"到湘潭演出，一是湘潭的建筑工人要到长沙来看"我们"演出，这样改了就清楚了。

⑤"并为了欢迎我们的到来"，"并"字可以省。"的到来"三字也该去掉，因为这时候"我们"在长沙，还没有到湘潭。

⑥"把生产任务提前了三天完成"，"了"字移到末尾，改为"把生产任务提前三天完成了"。这篇文章"了"字用得滥，除了这一处，还有好几处。这里"三天"是"提前"的补语，中间用不着"了"字。"完成"之后倒要用个语气词"了"字，念起来才顺口。

⑦"但也带来了很大的困难"，"带来"是如今用得很滥的一个词，这一篇第三段还有"于是我们的着急实际上是妄（枉）然，随之给我们带来许多想法"。"带来什么"本来不是通常的说法。如果要说，大概先要说一种具体情况，这种具体情况影响到谁或者哪方面，才说"给谁或者哪方面带来……"。例如说："今年好几个月不下雨，给农业生产带来困难。"这里说"消息""带来""困难"，"消息"不是一种具体情况，而且没说给谁"带来"，所以不妥。第三段里的例子更不妥。"着急是枉然"当然不是一种具体情况，"给我们带来"的又是"想法"，"想法"怎么能由外界"带来"呢？总之，无论习用的或是时行的说法，都不要随便用，一定要想清楚该怎么用，该用在什么场合，才不至于用错。现在我改成通常的说法："这一消息深深地感动了我们这些年轻的演员，但是他们给我们出了个难题。"

⑧"如何用更短的时间把在长沙湖南大学剧场中的演出布景

语 文 随 笔

道具，运到湘潭，然后装台（把灯光布景装到舞台上）"。"如何"改为"怎么"，取其顺口。"用更短的时间"的"更短"，意思是比通常所需的两天时间更短。"演出布景道具"，后面说法不一致，有的地方只说"布景"，有的地方又说"箱子"。这样容易使人误会，应当前后一致。现在一律改为"箱子、布景"，搬运中的道具服装之类想必装在箱子里，此外是布景，说了两项该够了。

⑨ "按往常这一工作得用两天的时间，但这次只有一天半的时间了"，"按往常"没有表达清楚，可能使人误会，好像文工团的箱子、布景从长沙搬到湘潭，已经搬过好几次了。因此，我改为"按往常的速度，这一工作得用两天的时间，这次却只有一天半的时间了"。"但这次"改为"这次却"，转折语气轻些。

⑩ "把这项任务交给了我和其他四位同志"，"交给了"的"了"字可以去掉，"其它"应当写"其他"。

⑪ "这是我们几个年轻人第一次脱离大集体而只有五个人去进行的"，"脱离"用得不对。如果五个人从此不参加文工团了，才用"脱离"，这里应当用"离开"。"而只有五个人去进行的"，这个说法别扭，改为"而进行工作"。

⑫ "当时我只感到任务的艰巨，但对这项工作也抱了必定的信心和决心"，"当时"可以去掉，"对这项工作"，也可以去掉，"抱了"改为"抱着"，"必定"改为"一定"，下边还得加个动词。结果改成这样，"我只感到任务艰巨，但是抱着一定

180

完成的信心和决心"。

第三段

①我们五个人②首先③随着卡车，渡过湘江到湖南大学④把布景往卡车上搬⑤。往往这一工作都是大家一块抬箱子搬布景⑥，这次只有我们这几个人⑦，可是我们的劲头好像不自觉的就比平时大了许多⑧，不到两个小时就装完了车⑨。这时候⑩，十五日的夜色已经罩住了⑪大地，卡车开到了湘江边，准备过江把布景运上轮船，连夜运往湘潭⑫。但正巧⑬，在这个时候⑭老天爷好像不了解我们的心情似地⑮突然变了脸，风刮起来了，随着大雨也无情的（地）向人身上打来⑯，湖南梅雨的春天，有时候那真不比严寒的冬天暖和多少⑰。我们穿的衣服不多，都冻的（得）⑱打哆嗦，但更着急的是⑲，因为起了大风，载运汽车过江的轮船不能开。这里汽车不能过江⑳，那就是说，布景也㉑不能及时地送上轮船，明天㉒也就不能为湘潭的建筑英雄们演出。我们几次找船长商量，能否过江㉓，但㉔船长为了行船的安全，坚决不同意㉕，于是我们的着急实际上是妄（枉）然，随之给我们带来许多想法，感到离开领导和同志们单独进行工作是多么难呀㉖。在大风雨和湘江波涛的呼啸声中，我们挨

到了深夜两点多，老天爷究竟还是㉗照顾了我们㉘。风不刮了，雨也止了，湘江的波涛也随之㉙平静了一些㉚，于是轮船㉛把卡车送过了江后㉜，又是一阵紧张的劳动，布景都搬到轮船上，开往湘潭㉝。

评　改

①这一段开头应把动身到湖南大学去的时间交代清楚。这里交代了，下文"十五日的夜色"的"十五日的"四字就可以不说了。"十五日的夜色"是个很别扭的说法，实际上谁也不说的。

②"五个人"三字可以去掉，因为前面已经说过了。

③"首先"可以不要，因为下文没有说"后来"怎么样。

④"湖南大学"后面应当用个逗号，因为话说到这里有个停顿。

⑤说"搬"没有错。不过改为"装"字好，可以跟下文"装完"扣紧。

⑥"往往这一工作都是大家一块抬箱子搬布景"，"往往"这个词用得不对，这里应当说"往常"或者"向来"。"抬箱子搬布景"已经包含在"这一工作"里，不用说了。所以我改为"这一工作向来是大伙儿一起干的"。

⑦"这次只有我们这几个人"，这里倒要点明"我们五个

人"，跟上文"大伙儿"对照。

⑧"不自觉的就"五个字去掉，因为说"劲头比平时大了许多"明明是"自觉"，并非"不自觉"。

⑨"车"字可以不要。

⑩"这时候"后面的逗号应当去掉。顺便说一下，现在很有人喜欢滥用逗号，"过去"后面用逗号，"昨天"后面用逗号，"虽然"后面用逗号，"但是"后面用逗号。我认为凡是说的时候不停顿的地方都不必用逗号。

⑪前面说过，这里的"十五日的"是用不上的。"罩住了"改为："笼罩"。

⑫"准备"后面加上"上渡轮"三个字，点明"渡轮"，为的跟"轮船"区别开来。"轮船"前面加上"当夜开往湘潭的"七个字，后面"连夜运往湘潭"六个字就可以不要了。

⑬"但正巧"，"但"字用不上，因为这里没有转折的意思。"正巧"常常用在称心合意的场合，这里用不上，改为"偏偏"。

⑭"在这个时候"可以去掉。

⑮"好像不了解我们的心情似地"，或者去掉，或者改为"好像故意跟我们为难"。

⑯"随着大雨也无情的向人身上打来"，"的"字应当改为"地"字。"向人身上打来"没有错，但是雨不仅打在人身上，不如改为"泼下来"。

⑰"湖南梅雨的春天，有时候那真不比严寒的冬天暖和多少"，这里说的是当时湘江边的天气，不是一般地说湖南的天气，所以用不上"有时候"。"那"字可以去掉。

⑱"的"字应当改为"得"字。

⑲"但"字去掉。受冻，着急，渡轮不能开，更着急，顺接更紧凑。"是"字后面的逗号应当去掉。

⑳"因为"可以去掉，前面已经点明"渡轮"，"载运汽车过江的轮船"改为"渡轮"就可以了。"不能开"后面的句号应当是逗号，因为这句话到这里还没有完。"这里汽车不能过江"，"这里"可以去掉。"汽车"改为"卡车"，跟上文一致。这句话到这里完了，逗号改为句号。

㉑用不着"也"。

㉒"明天"改为"十六日"，又明白又跟第二段里说的十六日演出照应。

㉓"找船长商量，能否过江"，改为"找船长商量过江"，商量的是不按常规，冒着大风雨过江的事。

㉔"但"字应当去掉，这里没有转折的意思。

㉕"不同意"后面应当是句号。

㉖"于是"去掉。"实际上是妄然"改为"也是枉然"。"随之给我们带来许多想法"，前面已经说过，这里很不妥当的说法，所以去掉。"感到"前面加上"这时候"三个字。"领导和同志们"改为"大集体"，跟第二段里用过的"大集体"照

应。"单独"去掉。五个人在一起，怎么能说"单独"呢?

㉗"老天爷究竟还是"改为"老天爷总算"，"总算"带有不满的意味，用在这里比较合适。

㉘话还没说完，句号改为逗号。

㉙"也随之"改为"随之也"。

㉚"一些"后面的逗号改为句号。

㉛"轮船"改为"渡轮"。

㉜"后"字去掉，逗号改为句号。

㉝"布景都搬到轮船上，开往湘潭"，改为"我们把箱子、布景都搬到轮船上"。"开往湘潭"去掉，这时候轮船还没有开呢。

第四段

十六日清晨四时开船，船平平稳稳地行驶在湘江中①，适时②我往船板③上一靠，身子一斜，忽然觉得恍惚起来④，身子怎么这样软的没劲⑤，噢，肚子也在叫唤呢，打昨天中午吃过饭后⑥，到现在已有二十多个小时⑦没吃东西了。船到湘潭后⑧还得把这些布景道具一件一件的（地）⑨搬上汽车，拉到剧场进行装台⑩，我还能有劲站在舞台上面高高的天桥上系绳吗⑪？我的身体好像有点支持不住了，

唉，领导上为什么要让我来呢⑫，身体比我好的同志很多呢⑬，为什么不让他们来呢？他们现在可能都安静的（地）睡在旅馆里呀，可我现在又冷又饿的（地）靠在船板上，而且天明后，还有更劳累的工作在等着我呢，船外还是一片漆黑，唉！

评 改

①"船平平稳稳地行驶在湘江中"改为"船在湘江中平稳地行驶"，后面的逗号改为句号。"平平稳稳"是迭词，用迭词有强调的意味，这里不需要强调，用"平稳"就可以了。

②"这时"改为"这时候"。

③"船板"没有指明什么，可能使人误会为甲板，改为"舱壁"。

④"恍惚起来"改为"昏晕"，比较清楚些。

⑤"身子怎么这样软的没劲"改为"身子怎么软得这样没劲？"

⑥"打昨天中午吃过饭后"，"打"和"后"都可以去掉。

⑦"二十多个小时"，只要想一想就知道不确切，改为"将近二十个小时"。咱们写文章要养成个好习惯，用到数目字一定要核算一下。

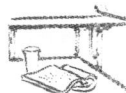

⑧"船到湘潭后"改为"到了湘潭"。

⑨"一件一件的"应当改为"一件一件地"。

⑩"拉到剧场进行装台"改为"运到剧场去装台"。

⑪"我还能有劲站在舞台上面高高的天桥上系绳吗？""能"和"上面高高"去掉，因为"能"跟"有劲"重复，"上面高高"说跟不说没有多大分别，话不宜太繁，可以不说的就不说。

⑫"呢"字后面的逗号改为问号。

⑬"身体比我好的同志很多呢"，去掉"呢"字。念到这里，觉得不用语气词比较好。

⑭"他们现在可能都安静的睡在旅馆里呀"，"现在"移到"他们"前面，表明时间的词一般都放在前面。这样改还有一点好处，可以点明对比，"现在"他们怎么样，我怎么样。"可能"改为"大概"比较好，猜测的意思更明显。"安静的"应当改为"安静地"。末了的"呀"字去掉，也因为不用语气词比较好。

⑮"可我现在又冷又饿的靠在船板上，而且天明后，还有更劳累的工作在等着我呢"，"可"改为"可是"。"现在"可以去掉，理由前面已经说了。"又冷又饿的靠在船板上"改为"又冷又饿地呆在船上"。靠在什么地方不关重要，说"呆在船上"就可以了。"天明后"改为"天亮以后"。"更劳累的工作"的"更"字去掉，这时候"我"并不做什么劳累的工作，所以用

"更"字没有根。"在等着我呢"的"在"字也可以去掉。

第五段

　　一阵凉风吹过来，我打了个哆嗦，忽然感觉到我怎么畏难困难了呢①，临行时我不是向领导和同志们表示过保证一定圆满的（地）完成任务吗②，怎么刚遇到这么小小的困难就踌（怵）头了呢③。我现在不正积极要求加入共青团吗，那这不是一个很好地创造条件的机会吗④？平时自己老想要⑤学习革命先烈的不畏艰难困苦的优良品质，然而在今天碰到个困难就受不了了⑥，想到这些，自己的脸忽然觉得有点热了，感到很惭愧⑦。正在来回寻思的时候，船上的汽笛和前面江岸上的汽笛同时叫了起来⑧，那就是告诉旅客们，湘潭到了。啊！前面就是我们伟大的领袖毛主席的故乡啊⑨。那里的土地培育出了⑩中国的伟人，人民的领袖，只有在毛主席的领导下，我们才能不畏任何困难，从胜利走向胜利。想到这些自己劲头又足了⑪。深深的（地）吸了一口带有乡土味道的新鲜空气之后⑫，好像疲劳已经随着呼出的二氧化碳一样⑬，烟消云散了。叫醒了同伴们⑭，让我们共同来吸一吸毛主席故乡的新鲜空气吧⑮。

评 改

①"畏难"是笔误,应当是"畏惧"。这里含有自责的意味,所以后面的逗号应当改为惊叹号。

②"表示过保证一定圆满的完成任务吗","表示过"和"圆满的"可以去掉,后面的逗号改为问号。

③"蹻头",有人说是"怵头"之误,可以改为"胆怯"或"气馁"。后面的句号改为问号。

④"我现在不正积极要求加入共青团吗,那这不是一个很好地创造条件的机会吗?"前面曾经说过,这是个不对头的想法。现在只就原意改为"我不是正在积极要求加入共青团吗?这不是一个创造条件的很好的机会吗?"

⑤"要"字可以去掉。

⑥"然而在今天碰到个困难就受不了了",改为"今天碰到个小困难却受不了了"。

⑦"自己的脸忽然觉得有点热了,感到很惭愧",改为"觉得脸上有点发热了,心里很惭愧"。

⑧"正在来回寻思的时候,船上的汽笛和前面江岸上的汽笛同时叫了起来","来回"可以去掉,"叫了"改为"响"。这里总应当交代一下天亮了,否则"船外还是一片漆黑",怎么能望见湘潭呢?我只在这里说一声,并没有添上文句。

⑨"啊"字可以去掉,后面的句号改为逗号。

⑩ "了"字去掉。

⑪ "想到这些自己劲头又足了"改为"想到这些，我精神振作了"，跟前面的"昏晕"扣紧。

⑫ "深深的吸了一口带有乡土味道的新鲜空气之后"，"深深的"改为"深深地"。如果作者不是湘潭人，说"乡土味道"就不合适。现在改为"带有泥土气息的新鲜空气"，大雨刚过，蒸发的空气该有泥土气息。"之后"两字可以去掉，因为前边已经说"吸了"。

⑬ "好像疲劳已经随着呼出的二氧化碳一样"改为"疲劳好像随着呼出的二氧化碳"，后面不用什么符号。

⑭ "叫醒了同伴们"改为"我叫醒同伴们说"。

⑮ "让我们共同"五字可以去掉，一个"来"字，一个"吧"字，招邀同伴的意味已经很足了。"吸一吸"改为"吸"。后面的句号改为惊叹号。

第六段

　　船到岸后①，我们又紧张的（地）②把布景运到剧场，进行装台工作③。虽然还是很累，但想到晚上我们就要与建筑毛主席故乡的英雄们见面④，就可听到他们热烈的鼓掌声，在鼓掌声中又可听到了他们的生产指标像火箭一样突飞

向上的消息⑤，那时自己将是多么高兴呀⑥。于是，劲头更大了⑦，很快地就完成了装台任务⑧。下午，我们团全体同志都来到了湘潭，见到了领导和同志们，我异常兴奋地说⑨，领导交给我们的任务胜利地完成了。领导表扬了我们，我听在心里⑩又高兴又惭愧。

评　改

①"船到岸后"改为"船靠了岸"，比较顺口。

②"紧张的"改为"紧张地"。

③"进行装台工作"改为"随即装台"。"进行……工作"最好少用。譬如说"教育学生"，很干脆，何必说"对学生进行教育工作"呢？

④"我们"可以去掉。揣摩作者的意思或许要说"建设"，不留心说了"建筑"。可是说"建设毛主席故乡"也不行，只能说"建设湘潭"。现在改为"但是想到晚上就要与在毛主席故乡工作的建筑英雄们见面"。这里用了"就要"，如果后面连用几个"就要"就能增加语言的力量，表示兴奋的情绪，所以我在后面又用了两个"就要"。

⑤"在鼓掌声中又可听到了他们的生产指标像火箭一样突飞向上的消息"，这个"了"字绝对不能用，因为这里是预想

当晚的情形。"在鼓掌声中又可……"这个说法不妥,改为"就要"。

⑥"那时自己将是多么高兴呀"改为"那时候将是多么高兴呀"。这里都是就自己说,不用点明"自己"了。

⑦"于是,劲头更大了"接不上,改为"越想劲头越大"。

⑧"任务"改为"工作"。

⑨"下午,我们团全体同志都来到了湘潭,见到了领导和同志们,我异常兴奋地说",改为"下午,全体同志来到湘潭。我见了领导和同志们,异常兴奋地说"。

⑩"我听在心里"不妥,改为"我听了"。"听在心里"有另外的意思和用法,如说"我无心说了一句话,他倒听在心里了"。这就可见"听在心里"用在这里不合适。

逐段细说完毕,现在看一遍修改过的全文:

一九六〇年的春天,我们"中国建筑文工团"带着中央首长的心意前往湖南省,向战斗在建筑战线的英雄们表示亲切的慰问。离京以前,上级领导指示我们,这次慰问演出一定要把戏给工人送上门,使他们看得舒适满意。

我们结束在长沙的演出是四月十四日,而毛主席故乡湘潭的建筑工人要求我们四月十六日到他们那里演出,为了欢迎我们,把生产任务提前三天完成了。这一消息深深地感动了我们这些年轻的演员,但是他们给我们出了个难题,怎

么能在短时间内把留在长沙湖南大学剧场里的箱子、布景运到湘潭，然后装台（把灯光布景装到舞台上）呢？按往常的速度，这一工作得用两天的时间，这次却只有一天半的时间了。领导经过研究，把这项任务交给我和其他四位同志，于是我们五个人马上研究如何完成这项任务。这是我们几个年轻人第一次离开大集体而进行工作，我只感到任务艰巨，但是抱着一定完成的信心和决心。

十五日，我们随着卡车渡过湘江到湖南大学，把箱子、布景往卡车上装。这一工作向来是大伙儿一起干的，这次只有我们五个人，可是我们的劲头好像比平时大了许多，不到两个小时就装完了。这时候夜色已经笼罩大地，卡车开到湘江边，准备上渡轮过江，把箱子、布景搬上当夜开往湘潭的轮船。偏偏老天爷好像故意跟我们为难，突然变了脸，风刮起来了，随着大雨也无情地泼下来。湖南梅雨的春天真不比严寒的冬天暖和多少，我们穿的衣服不多，都冻得打哆嗦。更着急的是起了大风，渡轮不能开，卡车不能过江。那就是说，箱子、布景不能及时送上轮船，十六日不能为建筑英雄们演出了。我们几次找船长商量过江，船长为了行船的安全，坚决不同意。我们着急也枉然，这时候感到离开大集体进行工作多么难呀。在大风雨和湘江波涛的呼啸声中，我们挨到深夜两点多，老天爷总算照顾我们，风不刮了，雨也止了，湘江的波涛随之也平静了一些。于是渡轮把卡车送过了

江。又是一阵紧张的劳动，我们把箱子、布景都搬到轮船上。

十六日清晨四时开船，船在湘江中平稳地行驶。这时候我往舱壁上一靠，身子一斜，忽然觉得昏晕，身子怎么软得这样没劲？噢，肚子也在叫唤呢。昨天中午吃过饭到现在，将近二十个小时没吃东西了。到了湘潭还得把箱子、布景一件一件地搬上汽车，运到剧场去装台，我还有劲站在舞台的天桥上系绳吗？我的身体好像有点支持不住了。唉，领导为什么要让我来呢？身体比我好的同志很多，为什么不让他们来呢？现在他们大概安静地睡在旅馆里，可是我又冷又饿地呆在船上，而且天亮以后还有劳累的工作等着我呢。船外还是一片漆黑，唉！

一阵凉风吹过来，我打了个哆嗦，忽然感觉到我怎么畏惧困难了呢！临行时我不是向领导和同志们保证一定完成任务吗？怎么刚遇到这么小小的困难就气馁了呢？我不是在积极要求加入共青团吗？这不是一个创造条件的很好机会吗？平时自己老想学习革命先烈的不畏艰难困苦的优良品质，今天碰到个小困难却受不了了。想到这些，觉得脸上有点发热了，心里很惭愧。正在寻思的时候，船上的汽笛和前面江岸上的汽笛同时响起来，那就是告诉旅客们湘潭到了。啊！前面就是我们伟大的领袖毛主席的故乡，那里的土地培育出中国的伟人，人民的领袖，只有在毛主席的领导下，我们才能

不畏任何困难，从胜利走向胜利。想到这些，我精神振作了。深深地吸了一口带有泥土气息的新鲜空气，疲劳好像随着呼出的二氧化碳烟消云散了。我叫醒同伴们说，来吸毛主席故乡的新鲜空气吧！

　　船靠了岸，我们又是紧张地把箱子、布景运到剧场，随即装台。虽然还是很累，但是想到晚上就要与在毛主席故乡工作的建筑英雄们见面，就要听到他们热烈的掌声，就要听到他们的生产指标像火箭一样突飞向上的消息，那时候将是多么高兴呀！越想劲头越大，很快就完成了装台工作。下午，全团同志来到湘潭。我见了领导和同志们，异常兴奋地说，领导交给我们的任务胜利地完成了。领导表扬了我们，我听了又高兴又惭愧。

〔原作〕

雷锋式的战士

〔一〕七月一日这一天，我奉上级的指示，送到农村参加工作的同志到指定的生产队去。汽车开到万寿山西北约二十余里的地方，突然发现汽车水箱大漏水。司机下来一检查，才知道水箱上的皮垫坏了。怎么办呢？这里上不着村下不着店。正在这紧要关头，一辆摩托车从西边飞驰而来。从很远的地方就可以看到，摩托车驾驶员的帽子上，八一帽徽闪烁光芒，银辉耀眼。来到近处再一看，他穿着一身崭新的绿军装，是一个英俊的解放军战士。

〔二〕这位解放军战士一面给我们打招呼，一面下了车。"同志，你们的车子坏了吗？"我们向这位解放军同志说明了情况。他原来是甲211信箱汽车修理工张开元同志，今天替通讯员到解放军某部送急件。张开元同志

　　＊　原载一九六四年十一月《语文学习讲座》第二十一辑，原题为《评改一篇作文》。

说：“你们别着急，我给你们想办法。”说罢，飞身跨上摩托车飞驰而去。一瞬间就无影无踪了。

〔三〕大约二十分钟后，张开元同志给找来一块胶皮垫。他和汽车司机左量右算，结果只够三分之二。张开元同志一看这情景，抱歉地说：“我到他们连之后，找了半天，才找到这么一小块，真不凑巧，还是回我们的驻地去吧。请你们再等一会儿。”他又跨上车飞驰而去。

〔四〕没等多久，张开元同志就回来了。这次他带来了钳子、搬子、剪子、小工具箱，样样都有。另外，还带来一个大水壶，我很纳闷。他搬起工具就忙碌起来。这时，好像天气也和大家作对，憋在天空的太阳，就好像是浇上汽油的大火球，烤得人们喘不过气来，汗流不止。张开元同志头上的汗水就像雨点一样，掉在地上、胳臂上、衣服上，衣服很快被汗水浸透了。但他不顾这一切，只用了二十分钟就把汽车水箱给修好了。张开元同志提起水壶直奔河沟，大家这才明白水壶的用意。

〔五〕这时，司机高兴地说：“汽车又活了！”我们紧紧地握着这位解放军同志的手，感动地说：“谢谢你为我们想得这样周到，连装水用的壶都带来了，要不我们就得用手捧了。”张开元同志说：“要谢，你谢党和毛主席，这都是他老人家对我们的教导。”

〔六〕我在第二天特意带上一封感谢张开元同志的信

197

给他送功。到达该部受到刘指导员的热情接待。刘指导员向我介绍了张开元同志的情况，他说，张开元同志是为人民做过一百零八次好事的模范战士，因此，全连都管他叫"活雷锋"。

〔一〕

"这一天"可以不要。拿另外一句话来比比。譬如说"七月一日这一天是党的诞生纪念日"，这句话里的"这一天"也可以不要。但是两种说法有区别。说"这一天"，见得郑重些。本篇的"七月一日"只是表明干这件事的时间，无须乎郑重。

"奉"改为"受"。"指示"改为"指派"。原文的说法宜用于文件，口头没有说"奉"谁的什么的，"指示"也不切实际。

这儿有两个"到"字，念起来拗口，总得想办法去掉一个。从意思方面想，"送同志到生产队去，"后一个"到"字不能去。只能去前一个。再看"到农村参加工作的同志"，不是也可以说成"参加农村工作的同志"吗？这样一改动，前一个"到"字就去掉了。

顺便说说拗口的问题。照原文，"送"是一个单音词，"到"是一个单音词，"农村"是"到"的宾语，可是骤然

读下去，很容易误认"送到"是一个词。待辨明白"送"和"到"各是一个单音词，该读成"送——到农村"，就觉得拗口了。另外举两个例子。譬如说"在对这件事情的看法上，我跟你有分歧"，"在"是一个单音词，"对"是一个单音词，"这件事情"是"对"的宾语。又如说"从定计划到实现计划……""从"是一个单音词，"定"是一个单音词，"计划"是"定"的宾语。这两句话念起来也拗口。可见凡是这样形式的话，念起来都拗口。要它不拗口，得避免两个单音词叠在一起。本篇改成"送参加农村工作……""到"字就去掉了。举例的前一句不用"在……上"的说法，只说"对这件事情的看法……"就只有一个单音词"对"了。举例的后一句改为"从制定计划到实现计划……""从"之下就是双音词"制定"了。请念一念，是不是觉得都顺口了？

咱们写东西，不能只顾眼睛看，要注意念起来顺口，听起来顺耳。拗口的话不便于念，不便于听的。咱们要养成敏感，随时留意，不要写拗口的话。

"约"字不要。说二十馀里，就是约计。"馀"改为"多"。

"怎么办呢"总得跟"不着村，不着店"连在一块儿说。原文分开了，后一句就见得不完整，收煞不住。改法有两个。一个是把"怎么办呢"调到后边，改成"这里前不着村，后不着店，怎么办呢？"又一个是改成"怎么办呢，前不着村，后不着店

199

的！"两个办法都改成连在一块儿说了。还可以比较一下，在这里，哪个改法好。后一个改法惊叹语气比较强，用在人物的对话里很能传神。这里只是一般的叙述，不必用那么强的惊叹语气，所以我采取前一个改法。

习惯说"前不着村，后不着店"。说前后是对的，因为设想中的村和店是在一个平面上，无所谓上下。写稿者用上下，或许是有意换个新花样，或许是他曾经看见有人用上下。只要想一想究竟上下对还是前后对，就不会用错了。

"不着村"之下用个逗号好。

"紧要关头"用在这里不合适。譬如说"修建大坝，合龙是紧要关头"，那是对的。拿来一比较，就知道这里用"紧要关头"不合适了。"紧要开头"是事情的最关重要的阶段，而这里只是一时没有办法，并不是什么最关重要的阶段。现在改为"大家正在着急的时候"，表明摩托车开来的时间。上文说："这里前不着村，后不着店，怎么办呢？"就是说全车的人正在着急。用"大家正在着急的时候"接上，连得紧，而且跟下文张开元说的"你们别着急"照应。

原文用两句话叙明来的人的服装，知道他是解放军战士。先说远看，看清楚来人帽子上有"八一"帽徽；后说近看，看清楚来人穿一身崭新的绿军装。咱们不妨想一想，这样分两层说，是不是符合实际情形。军装形象大，帽徽形象小，那一天天气又晴朗，帽徽都看清楚了，军装应该同时看清楚。写稿者分远看近看

两层说，是写稿时候的空想，并不符合实际情形。写作要符合实际情形，所以这儿要改。帽徽和军装虽然同时看清楚，说的时候总得有个先后。现在把军装说在前头，把帽徽说在后头，用意是使"八一"帽徽跟"解放军战士"连得紧密。

原文还有一点不符合实际。"八一"帽徽并不是银色的，却说"银辉耀眼"。这也得改。

现在把原文的两句话改为如下的一句话："老远就可以看清楚，驾驶摩托车的穿着一身崭新的草绿色军装，'八一'帽徽闪着光，是一个英俊的解放军战士。"

原文"从很远的地方"为什么改成"老远"呢？这里只须表明写稿者跟来人距离还远，用现成的"老远"就够了，说"从很远的地方"是不自然不顺当的说法。原文"看到"为什么改成"看清楚"呢？看出军装是崭新的，看出闪着光的帽徽上的"八一"二字，那不仅是"看到"而是"看清楚"了。"驾驶员"是跟"司机""通讯员"同类的名称，这时候不能断定来人担任驾驶员的职务，所以改为"驾驶摩托车的"。"绿军装"改为"草绿色军装"，比较确切。"帽子上"不用说，帽徽当然在帽子上。

〔二〕

第一句的"给"改为"跟"。

"车子"去"子"字。

去掉"吗"字，还是问话，而意味不同。有"吗"字，问得着实。不用"吗"字，虽是问话，实际上已经明白了，可又不是敷衍。

前面已经点明一个人的姓名或者身份，再说到这个人，只要能叫人家明白，不致引起误会，一般不重复说这个人的姓名或者身份而说"他"。这里"跟我们打招呼"并且问话的，是"这位解放军战士"，"我们"当然只有向"他""说明情况"，所以尽可以用"他"，不必说"这位解放军同志"。

写东西称一个人，用他的姓名或者身份还是用代词"他"，最好有个体例，不要随便。一般的办法是，每一段第一次说到这个人，用他的姓名或者身份，以下再提到这个人，只要能叫人家明白，不致引起误会，就一律用代词"他"。

说了"我们向他说明了情况"，接着说"他原来是……"，前后两句连不起来。怎么知道他是谁呢？一定要他自己说了才会知道。现在补上"听他自我介绍"，下面转述他自我介绍的内容就连得上了。

"原来"可以不要。说"原来"，有早已慕名，喜得见面的意味。这里并不是那样情形，所以不必说"原来"。

　　"甲211信箱"用得很不妥当。部队或是机关为了不对外公开，用一个信箱号码跟外间通信，这是常事。但是说一个人属于某部队或是某机关，决没有说这个人是多少号信箱的什么人的。再说，张开元自我介绍决不会说"我是甲211信箱的汽车修理工"，一定是问他通讯地址他才说出来的。因此，"甲211信箱"非改为"某部队的"不可。

　　这里是转述张开元自我介绍的内容，应该顺着张开元的口气。他决不会自称"张开元同志"，所以在"修理工"之下加个逗号，把"张开元同志"改为"叫张开元"。

　　"替"改为"代替"，念起来顺口些。

　　上文已经改用"某部队"，这儿"解放军某部"改为"另一部队"。"部队"之下加"去"字。

　　"张开元同志说"改为"他对我们说"。照刚才所说，这里用代词"他"能叫人家明白，就该用"他"。上一句是转述他的自我介绍，这一句不是他的自我介绍了，所以加"对我们"。

　　"说罢"下停顿也可以，可是不如不停顿而说"就"见得紧凑。

　　从前有"飞身上马"的说法，上摩托车当然也可以说"飞身"。但是下文有"飞驰而去"，为了避免重复用"飞"字，"飞身"改为"纵身"。再看第三段末一句，那里用"纵身"可以传出他赶紧上车的情形，所以让给那里用。"摩托车"下加逗号。

明明看摩托车开走，到完全看不见的时候，说"无影"当然对，说"无踪"却不贴切，车去的那条路就是踪。其实这一句可以不说了，有了"飞驰而去"，尽够表达车去得飞快了。

〔三〕

"大约二十分钟后"，平常说话不这么说，改为"大约过了二十分钟"，"后"字去掉。

说"给找来一块胶皮垫"，话过于简略。"找来"要在听他说明之后才知道，这时候只见他拿来一块胶皮垫。因此，改为"张开元同志回来了，给我们带来一块胶皮垫"。

第二句前一部份改为"他跟汽车司机一块儿左量右算"。两个人共同做一件事，一般是这样说。譬如说"我跟他一块儿劳动"，"我跟你一块儿去找张三"，如果"和""跟"分工，这儿决非"和"字。

上文说"左量右算"，意思是这样量那样量，这样算那样算，不只量一回算一回。量来量去，算来算去，只够三分之二，径说"只够三分之二"最干脆，用不着说"结果"。"只够三分之二"是个判断，不是量和算的"结果"。

第三句的"张开元同志"改为"他"，"一看这情景"删去。说"情景"，所遇的困难总要复杂些，而这里很简单，不过

是胶皮垫小，不够用罢了，不适用"情景"这个词。

"之后"改为"里"字。"到他们连之后"表明"找"的时间，不用"之后"，意思一样，只因一个"连"字站不住，所以加个"里"字。有许多"后"或"之后"往往是多馀的。譬如说"大约过了二十分钟后，张开元同志回来了"，"我读完某一篇文章之后，仔细想一想这篇文章的中心意思，写了一则笔记"，把"后""之后"去掉，意思绝无损伤。当然"后"和"之后"保留在那里也不算错，可是那是可要可不要的，就得去掉。

"一小块"之下改用句号。

记人家的话不能改动原意，但是可以选择。写对话本来不应全部照录的。"真不凑巧"跟下面的话连不上，可以不要。

回到驻地去做什么，总得点明。"去"之下加个"取"字。取什么呢？当然是取一切需用的东西。说起取东西，顺便说说写稿者写下一段的疏忽。这儿说胶皮垫小，不够用，张开元是为此而去的，下一段却只说带来工具和水壶，没有交代胶皮垫。是用了这些工具修理就不需要胶皮垫呢，还是张开元带来了胶皮垫而写稿者漏说了呢，咱们无法断定。无法断定就不能凭主观想法改，只能提出来说一说而已。

记完张开元的话，就说"他又跨上车……"，连得不紧密。改为"话一说完，他又纵身跨上摩托车，飞驰而去"。上一段的"纵身"移用在这儿，写他去得急迫。

〔四〕

第二句的"这次"可要可不要，就不要。

"钳子、扳子、剪子"之类该是放在工具箱里的，原文的说法不切合实际。改为"他带来一只小工具箱，打开箱子，里边钳子、扳子、剪子，样样都有"。打开箱子，里边有些什么，是写稿者记他所见到的。"扳"字写成"搬"是错字。

"另外"之下逗号删去，念的时候这里并不停顿。"一个"改为"一把"。量词最好分别用，不要什么都用"个"。"水壶"之下逗号改为句号。

说"我很纳闷"，嫌重，改为"我心里纳闷"。光是这么说，意思还不够明白，人家可能不知道为什么纳闷。看下文，知道写稿者为什么纳闷，就补上"不知道这把大水壶什么用处"。"纳闷"之下改用逗号。

看见张开元带来一把水壶，那用意是很容易看出的，按情理不会"纳闷"。可是写稿者说了"纳闷"，本段末了又说才知道他带来水壶的用意，似乎当时确曾纳闷的。为记实起见，咱们不便把这个情节去掉。不过应该说明，假如这个情节并非当时的实情，而是写稿的时候想出来的，那就大可不必。记实的文章不宜有虚构的成份。

上文已经说带来工具，不用再说"搬起工具"了。第四句全句改为"他拿起工具就动手修理"。"忙碌起来"是虚说，"动

手修理"是实说，实说更醒豁。

纸上写"这时"，眼看能明白。口头念"这时"，听的人可能不明白。"这时"改为"这时候"。

说天气热，而说天气好像跟人作对，有点儿过甚其词，而且下文具体地说出怎么热了，更见得多馀。"好像天气也和大家作对"删去。

太阳老是"悬在天空的"，不必说。写稿者要说太阳直射，特别热，没想到切当的说法，随便说了个"悬在天空的太阳"。改为"当顶的太阳好像是个浇上汽油的大火球"。太阳当顶，这就表明了阳光直射。

"汗流不止"是文言，一念就觉得不调和。改为"身上直冒汗"。

"汗水"改为"汗珠"，跟下文的"雨点"相应。"就"字去掉。上一句"太阳"下的"就"字也去掉了。一连串句子里出现好些"就"字，念起来觉得累赘。这两个"就"字又都是可以不要的，所以去掉。

"掉在地上、胳膊上……"改为"掉在地上，掉在胳臂上"，重复用"掉在"，表现汗珠陆续往下掉。"衣服上"可以不说了。衣服湿透，不仅由于头上掉下汗珠，还有身上冒出来的汗泥。

下一句不用转接更好，去掉"但"字。因为这儿是写稿者就眼中所见的来叙述，上一句说张开元浑身是汗，这一句说他"不

顾", 尽不妨顺着说。

前面只说张开元浑身是汗, "这一切"说得不对。一定要前面说了好些事项, 才能说"这一切"。改为"淌汗", 就对准了上文。

"不顾淌汗"只说了消极的一面, 还得说积极的一面, 意思才完足。只要就当时的情形想, 很容易说出"只顾操作"四个字来。

"只用了"改为"才"字, 表示写稿者觉得张开元操作的时间不多。

"张开元同志"改为"他"字。"他"之下加"随即"二字, 表示动作的紧凑。

"提起水壶直奔河沟"做什么呢？补上"打回水来灌水箱", 就明白了。"水箱"下用句号。

别人看见水壶有没有"纳闷", "我"是无法知道的。"我"只能就自己说。还有, "明白水壶的用意", 没有把想说的意思说明白。改为"我这才明白他带来水壶的用意"。

〔五〕

"这时"删去。保留"这时", 那就是司机在张开元灌水箱的时候说这句话, 显然与实际情形不合。去掉"这时", 这里是

另起一段，意思是水箱灌了水，试一试，汽车又能开动了。这些事略去不说，只说司机见到汽车又能开动了，高兴地说了"汽车又活了"一句话。但是总不如说清楚的好。咱们不知道司机究竟在什么情况之下说的，不能随便改，只好照原样。

"我们"都跟张开元握手，"我们"一齐说同样的话，不合情理。猜想起来，或许是写稿者跟张开元握手并且说话，因为他是这一伙的负责人。究竟怎样，不得而知，只能提出来说一说，这是个不合情理的说法。

"感动"改为"感激"，比较确切。

"装水用的壶"不如说"水壶"干脆。

上文用"我们"，张开元答话就得说"你们"。即使实际上是一个人跟张开元说话，张开元答话也可以说"你们"。

上文说"你谢党和毛主席"，"他老人家"光指毛主席，显然跟上文不相应。"他老人家"只能改为"党和毛主席"。前后相承的话最要留意，切不可承接了一头，忘了另一头。

〔六〕

"特意"可以不说。带了信，跑到部队去，事情本身就表示"特意"了。"送功"的说法很怪，不知道部队里有没有这个说法。我曾经见过有用"请功"的，意思是提请给某人记功，用在

这里正合适。全句改为"第二天，我带了一封感谢信去给张开元同志请功"。语序调动一下，念起来顺当些。

前面第二段已经改为"他是某部队的汽车修理工"，这里"该部"就可以说"某部队"，"部队"下加个逗号。"该部"是公文里的用语，用在一般文章里不合适。

第三句的"刘指导员"改为"他"。

"向"改为"给"。

说"情况"不如说"事迹"。

上文用了"他"，当然用不着再说"他"了。"他说"改为"最后说"，表明介绍事迹终了，总说一句。

"次"改为"桩"。

"因此"用不着。

"全连"之下加"同志"二字。

〔改作〕

雷锋式的战士

七月一日，我受上级的指派，送参加农村工作的同志到指定的生产队去。汽车开到万寿山西北二十多里的地方，突然发现汽车水箱大漏水。司机下来一检查，才知道水箱上的皮垫坏了。这里前不着村，后不着店，怎么办呢？大家正在着急的时候，一辆摩托车从西边飞驰而来。老远就可以看清

楚，驾驶摩托车的穿着一身崭新的草绿色军装，"八一"帽徽闪着光，是一个英俊的解放军战士。

这位解放军战士一面跟我们打招呼，一面下了车。"同志，你们的车坏了？"我们向他说明了情况。听他自我介绍，他是某部队的汽车修理工，叫张开元，今天代替通讯员到另一部队去送急件。他对我们说："你们别着急，我给你们想办法。"说罢就跨上摩托车，飞驰而去。

大约过了二十分钟，张开元同志回来了，给我们带来一块胶皮垫。他跟汽车司机一块儿左量右算，只够三分之二。他抱歉地说："我到他们连里找了半天，才找到这么一小块。还是回我们的驻地去取吧。请你们再等一会儿。"话一说完，他又纵身跨上摩托车，飞驰而去。

没等多久，张开元同志就回来了。他带来一只小工具箱，打开箱子，里边钳子、扳子、剪子，样样都有。另外还带来一把大水壶。我心里纳闷，不知道这把大水壶什么用处。他拿起工具就动手修理。这时候，当顶的太阳好像是个浇上汽油的大火球，烤得人们喘不过气来，身上直冒汗。张开元同志头上的汗珠像雨点一样，掉在地上，掉在胳膊上，衣服很快被汗水浸透了。他不顾淌汗，只顾操作，才二十分钟就把汽车水箱修好了。他随即提起水壶直奔河沟，打回水来灌水箱。我这才明白他带来水壶的用意。

司机高兴地说："汽车又活了！"我们紧紧地握着这

位解放军同志的手，感激地说："谢谢你为我们想得这样周到，连水壶都带来了，要不我们就得用手捧了。"张开元同志说："要谢，你们谢党和毛主席，这都是党和毛主席对我们的教导。"

第二天，我带了一封感谢信去给张开元同志请功。到达某部队，受到刘指导员的热情接待。他给我介绍了张开元同志的事迹，最后说，张开元同志是为人民做过一百零八桩好事的模范战士，全连同志都管他叫"活雷锋"。